일하다 마음을 다치다

일하다 마음을 다치다

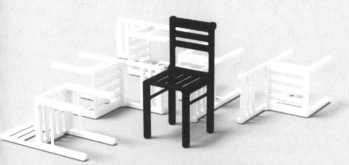

**갑질 고발과 힐링을 넘어,
일하는 사람들의 정신건강 이야기**

한국노동안전보건연구소 지음

나름북스

차례

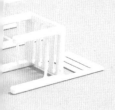

추천의 글

백도명(녹색병원 직업병·환경성질환센터장)

지난 20세기 말 한국 노동계는 자살을 업무상 재해로 인정할 수 있는가에 관한 논의에 불을 붙였다. 계기는 '이상관 투쟁'이었다. 대우자동차 조립라인에서의 중량물 취급, 제대로 된 관리도 없이 무조건 요양을 종결시키는 근로복지공단의 산재 처리 방식, 그리고 IMF 이후 일하는 사람에게 호의적이지 않은 사회적 환경 등이 결국 한창 일할 나이인 노동자 이상관이 현장으로 돌아가지 못할 것을 걱정하며 생을 마감하게 만들었던 것이다.

그 이후 우리 사회는 노동강도, 감정노동, 직장 갑질, 고용 차별 등을 이야기하며 일을 통해 발생하는 우리의 마음과 정신의 문제들에 주목하게 되었다. 이러한 정신건강 문제가 이전에 없었다가 새로 생겨난 것은 아니었다. 단지 여전히 억압적인 노동 환경에서 비롯된 문제들이 다른 분야로 모습만 바뀌어 나타났을 뿐이다.

　과거 육체적 부담으로 인해 발생하는 신체적 질환(재해성 외상 등)과 정신적 질환(외상 후 증후군 등)은 어렵게나마 일과의 인과성이 인정되었지만, 소위 정신적 부담으로 인한 신체적 질환(위궤양 등)이나 정신적 질환(우울증 등)은 인과성을 인정받지 못했다. 강한 정신력, 강한 의지를 갖지 못한 개인의 잘못으로 볼 뿐 업무 부담으로 정신적 부담이 생길 수 있다는 것을 사회가 인정하지 않았던 것이다.

　우리는 일할 때 납기에 맞추기 위해 긴장하고 불량이 생기지 않도록 조심하면서 아픈 허리와 쓰라린 속을 달래야 하기도 하지만, 호통치는 손님을 맞이하거나 상사의 꾸지람을 들으며 자존감이 모두 빠져나간다고 느끼기도 한다. 기운이 빠지고 맥이 풀리며 의욕을 잃는 이런 상황들은 몸과 마음에 함께 영향을 미친다.

　이를 육체적 부담과 정신적 부담으로 구분해 육체

에만 부담을 주거나 혹은 정신에만 부담을 주는 일로 해석하는 것은 매우 작위적이고 맞지 않는 주장이다. 육체와 정신은 이같이 구분되지 않으며, 실제 인간의 모든 감정은 정신 작용이 아니라 신체로 느끼는 상황에 대한 인식일 뿐이다. 즉 정신은 육체를 통해 상황을 인식하며, 다른 한편 육체는 정신 현상과 항상 같이 반응한다. 무의식적인 상태의 신체 활동이거나 움직이지 않으면서 겪는 정신적 고통일지라도 그 속에서 신체적 반응과 정신적 인지는 항상 함께 작동하고 있는 것이다.

이제 일할 때 '신체 따로 정신 따로'가 아니라 '신체와 정신이 함께' 작동한다는 시각에서 건강 문제를 바라볼 수 있도록 한국노동안전보건연구소의 연구자들이 한 권의 책을 내놓았다. 현장의 문제를 접하고 고민을 함께 나누면서, 일하며 생기는 스트레스, 정신질환, 자살을 어떻게 바라봐야 할지 정리했다. 스트레스의 개념, 정신질환에 대한 오해, 자살 통계로부터 배울 수 있는 것 등 지금까지 잘 다뤄지지 않던 내용을 제대로 소개하는 점과 더불어 올바른 방향에 관한 조심스러운 제시들을 볼 수 있어 매우 반가웠다. 일 때문에 생긴 정신질환을 산재로 인정해야 한다는 것도 그렇고 예방에 주목하는 점도 좋았다.

스트레스가 없는 사회란 존재하지 않겠지만, 한국처럼 '빨리빨리'와 '참자'가 당연시되는 사회는 보지 못했다. 앞으로 한국의 노동안전보건 영역에서 가장 중요한 주제는 '스트레스'가 될 것이다. 이런 점에서 저자들이 기울인 노력이 문제 해결의 단초가 되길 바라며 그 수고에 감사한다.

시작하며:

우리의 일터와 마음의 안녕에 관한 이야기

유명한 인터넷 콘텐츠 회사에서 일하던 젊은 여성 노동자가 있습니다. 그 회사는 직책에 상관없이 서로를 "○○ 님"이라고 부르며 수평적인 직장문화를 강조했지만, 그런 것만으로 수평적인 직장이 되는 건 아니라는 사실을 직장생활 해본 분들이라면 잘 아실 겁니다. 그 노동자는 일한 지 2년 만에 스스로 목숨을 끊었습니다. 마감 때마다 닥치는 불규칙한 밤샘 노동, 먼저 퇴근한 팀장이 컨펌해줄 때까지 사무실에서 대기해야 하는 신세, 최종 결재단계에서 콘셉트가 갑자기 바뀌어 처음부터 새로 작업하는 허무함의 반복, 직책보다 훨씬 많은 일과 책임, 팀 안에서 벌어지는 은근한 비하와 편 가르기 등을 견디지 못했던 겁니다. 하지만 그는 회사에서 이를 전혀 내색하지 않았어요. 같이 점심을 먹던 동료 중 한 명에게 사내 메신저로 약간의 팀장 흉을 보거나 신세를 한탄한 것 외에는 자살 직전까지 밝고 책임감이 강한 모습이었습니다.

몇 달 뒤, 생전 그의 한탄을 들어주었던 동료를 만났습니다. 유가족이 회사와 팀장의 사과를 요구하고 있을 때였어요. 회사는 제대로 된 조사도, 책임지는 모습도 보이지 않고 있었습니다. 이 동료는 평소 그렇게 평등한 직장문화를 강조하더니 막상 같이 일하던 동료가 자살했는데 책임지지 않는 경영진에, 그리고 노동자의 자살 이후에도 여전히 업무지시에 일관성 없는 회사 분위기에 실망하고 있었습니다. 생전 그가 고생한 모습을 지켜본 다른 동료들이 입을 닫은 채 유가족을 돕지 않는 것에도 절망하고 있었고요. 기분이 많이 가라앉고, 주변 사람들이 밉기도 하고, 입맛도 떨어지고. 그래서 이직을 알아보고 있었다고 해요.

이런 마음이 표정에 나타났을까요? 자살한 노동자

와 같은 팀에서 일하던 다른 팀원이 조용히 다가오더니 항우울제를 내밀고 갔답니다. 너무 멀쩡해 보여 야속하기까지 했는데 그 사람도 항우울제를 먹고 있었다는 얘기였죠. 그제야 알게 되었다고 합니다. '아, 다른 사람들도 지금 엄청 힘들구나. 바뀌지 않는 회사에 화가 났구나. 그런데도 다들 뭘 해야 할지 몰라서 답답해하는구나.'

당신의 이야기, 당신만의 이야기

위의 세 노동자가 품었을 마음을 상상해봅니다. 업무상 문제와 상사와의 갈등 때문에 속이 썩어가다가 스스로 목숨을 끊고, 홀로 답답함과 절망감에 괴로워하다 이직하거나 아무도 돕지 않는 상황에서 병원에 다니는 그들. 사실 일하면서 생기거나 악화된 정신건강 문제를 회사 안에서 털어놓지 못하고, 혼자 참거나 감내하거나 억누르는 일은 너무 흔합니다.

정신적으로 문제가 있는 사람이라거나 '유리멘탈'

로 찍힐 것 같은 두려움, 이해받지 못할 테고 얘기해
봤자 소용없다는 생각 때문에 말하지 않기도 하지만,
얘기를 꺼내거나 문제를 제기할 통로와 방법이 없는
것도 사실입니다.

　회사가 일감을 받아오고 역할을 분배하는 과정이
적절하지 못하다고 생각하는 평사원에게 이를 진지
하게 토론할 기회를 주는 곳을 본 적이 없습니다. 회
사에서 생긴 사고를 목격한 후 잠을 이루지 못해도
회사의 아무런 도움을 받지 못한 채, 혼자 술로 달래
는 노동자들은 여럿 봤습니다. 불규칙한 업무 스케줄
때문에 개인이나 가정의 일정이 완전히 꼬여 스트레
스를 받을 때도 이걸 회사에서 제대로 의논하거나 평
가하기는 쉽지 않죠. 그나마 노동조합이나 있으면 모
르겠는데, 노동조합에 가입된 노동자는 전체 일하는
사람 중 10% 정도일 뿐입니다. 이마저도 노동조합에
얘기했더니 '개인적인 문제를 여기서 말하지 말라'는
핀잔을 들었다는 노동자들도 있었습니다. 일하면서
생겨난 관계 때문에, 회사가 나를 대하는 방식 때문
에 발생한 일인데도 결국 '나'만의 이야기가 되고 마

는 겁니다.

'우울증은 마음의 감기'라는 표현이 낯설지 않고, 많은 연예인이 방송에 나와 정신질환 경험을 고백하기도 합니다. 이제 정신질환을 터부시하지 않고, 정신건강에 대해 터놓고 말하는 사회가 된 걸까요? 먼저 우울증을 '마음의 감기'라고 말하는 게 좋은 일일까요? 어쩌면 우울증을 마음의 감기라고 쉽게 단정함으로써 당사자의 고통을 가볍게 여기거나 얘기 꺼내는 것을 가로막는지도 모릅니다. '감기 같은 건데 내가 이겨내야지, 혼자 앓고 나면 나아질 거야'라는 생각으로 이어지기도 하니까요. 주변에서도 이런 말로 위로하며 '힘내'라고 응원하지만, 당사자는 자신의 고통을 이해받지 못한다고 느낄 수밖에 없습니다. 게다가 이런 응원의 메시지는 일터에서 발생한 정신건강 문제를 '당신이 극복할 문제'로 본다는 점에서 결국 '당신만의 이야기'라고 말하는 것과 다를 게 없습니다.

직장에서 생기는 정신건강 문제 혹은 직무 스트레스 문제를 각자가 현명하게 다뤄야 할 문제로 보는 것은 이 문제로 인한 당사자의 고통을 가중할 뿐 아니라, 문제의 해결을 불가능하게 한다는 점에서 우리 모두에게 해가 됩니다. 자본주의 사회에서 우리 대부분은 취업한 뒤 주어진 업무를 하고 급여를 받아 살아갑니다. 그런데 일터에서 얻는 정신건강을 해칠 정도의 스트레스를 직장생활의 필수 불가결한 일, 각자가 해결할 문제로만 본다면 일하다 마음이 상하거나 정신질환을 얻게 되는 것, 심지어 스스로 목숨을 끊는 일에서 우리 중 그 누가 안전하다고 할 수 있을까요?

이 책은 직무 스트레스와 이로 인한 직장 내 정신건강 문제를 각자 해결할 문제로 억누르는 사회적 분위기에 반대하고자 썼습니다. 사실은 정말 많은 일터의 노동자가 일하면서 마음을 다치게 되는 문제를 그저 개인의 '멘탈' 문제로만 바라보는 시선의 방향을 바꿔야 한다고 말하고 싶었습니다. 각자가 아니라 '우리'의 문제로, '유리멘탈'을 단단히 다져서 이겨낼 문제가 아니라, 고쳐야 할 대상이자 원인인 일터 문제로 시선을 돌리자는 것입니다.

갑질 고발이 비껴가는 문제

최근에는 이런 걱정이 괜한 것처럼 여겨지기도 합니다. 언론에서 하루가 멀다고 '직장 갑질' 문제를 다루고, 이제 한국 사회에서 '직장 갑질로 인한 정신건강 문제도 산업재해'라는 얘기는 상당히 널리 퍼지게되었으니까요.

그런데 이런 언론 보도들이 불편하기도 합니다. 원인이 되는 직무 스트레스가 있고 결과가 되는 업무로 인한 정신건강 문제가 있다고 할 때, 언론 보도의 절대적으로 많은 분량이 자살이나 우울증 등 결과 부분에 집중하기 때문입니다. 원인이 되는 직무 스트레스에 대한 얘기는 자극적인 괴롭힘이나 폭력에 대한 자세한 묘사, 특별한 직종에서만 벌어질 것 같은 극단적인 얘기들에만 머무는 경우가 많습니다. 대형 병원에서 엄청난 노동강도와 부담감에 시달리는 간호사들의 이야기처럼 말입니다. 직무 스트레스 자체를 다루거나 어떻게 바꿔야 할지, 바꾸는 과정은 어때야할지에 관한 이야기보다 대부분 자극적인 이야기에

쏠려 있습니다.

이 정도 '센' 이야기여야 보도 가치가 있는 건지도 모릅니다. 이미 일상이 된 고용불안이나 불규칙하고 예측 불가능한 업무 배분, 성과에 대한 과도한 평가, 여기서 비롯된 책임 떠넘기기 등으로 사람들의 마음이 어떻게 다치고 있는지는 언론에서 찾아보기 어렵습니다. 이렇게 강렬하고 극단적인 직장 내 괴롭힘이나 갑질 보도들은 어쩌면 우리가 '나는 그나마 괜찮은 편이네' 하며 스스로 위안하도록 하는 건 아닐까요? 아니면 '요즘도 저런 나쁜 사람들이 있다니'라며 일터에서 벌어지는 '조용한 폭력'은 뒷전으로 미루도록 은근히 분위기를 조성하는 것일 수도 있고요. 그래서 관련된 보도가 이렇게 많아진 지금도 우리는 각자가 일터에서 겪는 직무 스트레스를 말하기가 여전히 어렵고 '노동자의 마음이 건강해지는 직장'이란 말은 '소리 없는 아우성'처럼 모순으로 느껴집니다.

직무 스트레스나 업무상 정신건강 문제를 주로 직접적인 '갑질'과 '직장 내 괴롭힘' 사건 위주로 보는 분위기는 이보다 덜 극단적인 저강도 직무 스트레스 문제를 폄하하고 갑질을 가능하게 하는 구조를 은폐한다는 문제도 있습니다. 고객 응대 노동자에게 폭력을 행사하는 진상 고객 사례를 널리 전시하면서 노동자의 정신건강을 걱정하는 분석은 진상 고객의 행태가 그 사람의 독특한 성격 때문이 아니라, '고객은 왕'이라는 회사의 정책에 따라 생긴 그의 위치 때문이라는 사실을 가립니다. 이렇게 회사가 부를 창출하는 가운데 발생한 노동자의 '정신건강 손상'은 기업의 지출과 수익에 드러나지 않는 외부경제가 됩니다. 직장생활에서 자신의 '멘탈'을 지키는 것은 노동자의 기본이고, 그걸 잘 해내는 것이 직업인으로서 마땅한 자세니까요.

아파트 입주민이 경비원에게 폭력을 행사하고, 이 때문에 억울하고 분노한 경비노동자가 자살하는 사건이 몇 년째 계속 발생합니다. 끔찍한 폭력 장면이 담긴 CCTV 화면을 보며 그러지 말자고 다짐하거나 '나는, 우리 아파트는 그래도 저 정도는 아니지 않아?'라고 위안하는 대신, 경비노동자들이 아파트 주민들의 터무니없는 요구에도 응할 수밖에 없는 이유를 질문해야 하지 않을까요? 아파트 경비 업무는 지속적으로 필요한 일인데도 정규직으로 고용하지 않고 매년 회사를 바꿔가며 계약을 새로 맺습니다. 이 탓에 자신의 업무 영역을 책임지는 것 외에도 관리사무소나 입주민의 비위를 맞춰야만 합니다. 매년 경비원과 새로 계약하면서 더 낮은 가격으로 용역회사를 선택하고, 그 이익을 누리고 있는 수많은 아파트 관리사무소와 입주민은 이런 구조에 아무 책임이 없을까요? 이처럼 '개념 없는' 입주민에 의한 폭력 사건과 이로 인한 비극적인 죽음에만 초점을 맞추면 노동인권의 개념이 없는 경비노동자 일터가 어떻게 생겨났는지는 보이지 않습니다.

가해자의 사정을 이해하자는 말이 아닙니다. 피해의 상황(우리는 지금 정신건강 침해에 집중하고 있습니다만)을 제대로 이해하고 좀 더 나은 직장, 좀 더 나은 일터가 가능한 사회를 만들기 위해서입니다. 일부 진상 고객과 폭력적인 아파트 입주민의 서사에서 이끌어낼 수 있는 답은 그저 '착하게 살자'뿐이기 때문입니다.

게다가 갑질과 괴롭힘에 대한 이런 전형적인 접근들은 업무와 관련된 정신건강 문제를 특정 직종이나 업무로 제한하게 하기도 합니다. 사람을 대하는 업무에서 자신의 감정과는 무관하게 조직(회사)이 제시하는 감정을 행하는 노동에 '감정노동'이라는 이름이 붙었을 때, 많은 감정노동자가 반가워했습니다. 그동안 값이 매겨지지도 이름이 붙지도 않은 채 강요되어 노동자들의 소진을 불러일으켰던 일이 구체적인 문제가 되면서 개선 요구로 이어졌으니까요. 그런데 이제는 판매노동자 혹은 콜센터 노동자에게 감정노동이 흔한 일이거나 있을 수 있는 일, 심지어 당연한 일처럼 여겨지기도 합니다. 한 콜센터 노동자는 "우리가 감정노동에 시달리긴 하지만, 감정노동만 문제인 것은 아니에요. 종일 앉아서 모니터 보며 일하니까 손목이나 목, 허리 등 근골격계 질환도 있고, 코로나로 잘 알려진 것처럼 종일 많은 사람이 밀집해 일하니 호흡기 질환도 많아요. 그런데 이제 콜센터 노동자라고 하면 늘 감정노동만 물어봐요"라고 말하기도 했습니다. 이렇게 되면 겨우 이름을 얻었던 문제들이 어쩔 수 없이 그 업무에 '내재한' 특성처럼 여겨지면서 노동자들의 요구도 겨우 감정노동에 대한 수당 수준으로 낮아집니다. 또, 일하며 겪는 온갖 감정적인 고단함에 '감정노동'이라는 딱지를 쉽게 붙이면서 각각의 노동자가 겪는 고통이나 괴로움, 고민 등 진짜 이야기는 제대로 남겨지지 못하는 것 같기도 합니다.

그래서 우리는 극단적 사례가 아닌 일상적인 직무 스트레스, 겉으로 드러난 사건 말고 구조를 얘기하려고 합니다. 구조를 들여다봐야 각각의 특수하고 극단적인 사례에서도 우리 각자의 직장 풍경을 돌아볼 수 있고, 같이 할만한 일을 찾을 수 있지 않을까요? 우리에게는 이례적인 것처럼 보이는 '사건'의 묘사보다 우리 삶에 일상으로 눅진하게 들러붙은 직무 스트레스에 대해 더 풍부하고 다양한 서사가 필요합니다.

'힐링'이 우리를 구할 수 있을까요?

직장 내 정신건강 문제를 '해결'하려는 노력이 또

다른 엉뚱한 흐름으로 이어지기도 합니다. 몇몇 기관의 노동안전보건 실태를 진단하는 프로젝트에 참여한 적이 있습니다. 각 회사나 기관이 노동자들의 안전이나 건강을 위해 어떤 체계를 만들고, 얼마나 많은 인력과 예산을 쓰며, 어떤 활동을 하는지 비교하고 자문하는 프로그램이었습니다. 다수의 기관이 꽤 큰돈을 들여 근로자 지원프로그램을 실시하고 있더군요. 근로자 지원프로그램은 아주 다양하게 구성할 수 있지만, 한국에서는 주로 '스트레스 검사'나 '심리 상담'을 제공합니다. 그런데 '근로자 정신건강 지원'을 위해 이런 프로그램을 시행하고 있다는 회사들의 이야기를 들어보면, 상담 서비스를 제공한 곳으로부터 받는 분석은 몇 명이 상담을 몇 차례 받았다는 정도이고, 그들이 근로자 지원프로그램 시행의 의미 역시 '우리 회사는 이런 것도 한다'라는 생색내기뿐입니다.

물론 누가 상담을 받았는지, 상담 내용이 무엇인지는 당연히 비밀로 보장돼야 합니다. 그렇지만 상담을 신청한 사람들의 주된 특성이 있는지(책임이 집중된 보직자인지 신입 직원인지, 남성인지 여성인지, 특정 부서에

몰려 있는 것은 아닌지), 공통된 상담 주제가 있다면 무엇인지(인사 정책에서 비롯된 문제가 많은지, 회사 안에서 여성들이 차별을 느끼고 있지 않은지, 업무량이 너무 많아 괴로움을 겪는지), 회사가 해결할 직무 스트레스 요인은 없는지(인사제도 개선, 반성차별이나 노동인권 교육, 회사 상황에 관한 설명회, 적절한 업무 배분을 위한 프로세스 개선) 분석할 수 있어야 합니다.

이런 분석을 요구하지 않는 회사도 문제지만, 직무 스트레스나 회사 생활에 문제의식이 없는 상담가가 문제인 경우도 많습니다. 도움이 되는 생활 습관을 권할 수도 있고 이야기를 잘 들어줄 수도 있으며 심각한 경우 치료를 권하거나 전문가를 연계해줄 수도 있지만, 정작 문제의 근원에는 다가가지 않는 경우입니다. 개인을 담당하는 상담가가 아니라, 최소한 회사와 계약을 맺고 진행하는 근로자 지원프로그램이라면 직장의 문제를 찾아내 분석하고 개선 방안을 제시하는 데에도 관심과 역량을 기울여야 합니다.

상담을 꼭 회사의 생색내기 도구로만 볼 순 없습니다. 직장에서 괴로움을 겪는 개인이 접근 가능한 돌파구가 되기 때문입니다. 정신건강의학과에는 문턱이 느껴지고 내가 '치료'받을 정도라고 생각하기는 어려우니 상담소를 찾습니다. 또 정신건강의학과에서 우울감이나 불면증, 식욕감소 등 증상 해결에 집중하는 데 비해 상담은 문제의 원인이나 대처를 중심으로 접근합니다. 따라서 현재 상태의 이유를 찾고 싶은 경우라면 상담을 선호하기도 합니다. 이 때문에 개별 노동자나 노동조합의 요구로 회사가 상담 프로그램을 제공하는 사례도 많습니다. 그나마 회사에서 이런 프로그램을 제공하지 않으면 노동자 스스로 '힐링'에 돈과 시간을 들여야 하니 이런 요구가 의미 없는 것은 아니겠지요.

하지만 일터에서의 문제가 명백한데도 이를 그대로 두고 개인의 '인식과 대처'에 집중하는 상담이라면, 힐링산업의 일부에 머물 수밖에 없습니다. 오랫동안 직장 내 차별과 괴롭힘에 시달려온 한 노동자는 지난 몇 년 동안 일을 마치면 만들기, 춤추기, 자격증 따기 등 온갖 것을 배우러 다니며 스트레스를 풀었다고 합니다. 자신을 해치는 다른 관계에 빠져들거나 술이나 약물에 의존하며 점점 자책하는 것보다 나은 해결책이라고 할 수도 있습니다. 시중의 수많은 관련 도서가 이를 소개하기도 합니다. 하지만 직장인을 위한 여러 강습과 학원, 여행상품이나 이를 부추기는 각종 문화상품 역시 거대한 힐링산업의 일부입니다. 이마저도 시간이나 경제적 여유가 있는 직장인을 위한 것입니다. 그 정도 시간이나 경제적 여유조차 없다면 게임기나 안마기 같은 '소확행' 물품으로 시선을 돌립니다.

물론 돈을 주고 힐링을 샀다고 자조하는 노동자를 탓하자는 것은 아닙니다. 그는 사무실의 차별 정책을 시정하고자 노동조합 대의원 활동도 해보고 본사에 편지도 보내봤지만, 문제를 해결할 수 없었습니다. 거대한 장벽에 부딪힌 후에도 포기하지 않고 자신을 돌본 그를 존중하고 지지합니다. 그조차 쉽지 않은 일이라는 걸 인정합니다.

다만, 개인은 힐링을 선택할 수 있지만 회사가, 사회가, 노동자 집단이 이를 유일한 해결책으로 생각하는 것은 바람직하지 않습니다. 이런 태도는 글 첫머리에 말한 직무 스트레스와 직장 내 정신건강 문제를 '개인'의 문제로 다루는 태도의 연장입니다. 그렇기에 각자가 수준과 취향에 맞는 힐링을 찾아 떠나고, 회사는 원인을 제거하기보다 '힐링 수단' 중 하나인 상담을 제공하는 것입니다. 직무 스트레스와 개인의 감내, 힐링산업으로 이어지는 흐름에서 승자는 노동자에게 스트레스를 안기며 이윤을 생산하는 기업, 그리고 노동자가 스트레스 받을수록 커지는 힐링산업입니다. 지친 노동자는 자기도 모르게 힐링산업에까지 헌혈하고 있는 게 아닐까요?

무엇이 중한가요?

이렇게 직무 스트레스와 직장 내 정신건강 문제를 개인의 문제로 다루는 방식의 극단에 '의료화'의 문제도 있습니다. 직장에서 벌어진 여러 문제나 결과에 진단명을 붙이고, 치료의 대상으로 보는 것이죠. 진단명을 붙이는 것은 앞서 얘기한 직무 스트레스의 다양한 이야기, 직무 스트레스를 둘러싼 이해관계자들의 구조는 차치하고, 겉으로 드러난 모습과 결과에 주목하게 합니다. 직장 내에서 폭력을 저지른 직장 상사를 '분노조절장애'로, 연말 인사 고과에서 낮은 평점을 받은 뒤 자살한 노동자를 '우울증'으로 이름 붙인다면 우리가 할 수 있는 일은 각자 열심히 치료받는 것 말고는 없을 것입니다.

'번아웃'을 둘러싼 이야기가 대표적입니다. 번아웃은 사람이 지치고 소진됐을 때 보이는 증상이나 상태를 말하지요. '하얗게 불태웠다'라는 만화의 한 장면처럼, 타버렸다는 말이 무언가를 열심히 하고 나서 소진된 상태를 잘 표현합니다. 사실 의학이나 심리학에서 학술적으로 말하는 번아웃은 다름 아닌 직무 스트레스로 지치고 소진된 양상을 뜻합니다. 2019년 세계보건기구WHO는 번아웃을 국제질병분류에 추가했습니다. 정의는 '성공적으로 관리되지 않은 만성적인 직무 스트레스로 인한 증후군'입니다. 아직은 질병이라기보다 '상태나 증상의 모음'으로 보고 있지만, '만성적인 직무 스트레스'를 원인으로 포함하는 병적인 상태를 정의했다는 것 자체가 얼마나 많은 사람이 직무 스트레스에 시달리고 있는지 보여줍니다.

사실 현대 의학이 정의하는 질병에서 특정한 유전자의 돌연변이로 발생하는 질병이나 코로나19처럼 명확한 감염원이 있는 감염성 질환을 제외하면 원인이 명확한 질병은 흔치 않습니다. 대부분 수많은 요인이 서로 연결되어 질병을 일으키거나 증상을 악화시킵니다. 그런데 번아웃은 특별히 직무 스트레스로 인한 소진 상태라고 정의되어 있으니, 우리의 관심은 '직무 스트레스'에 모여야 합니다. 그런데 번아웃을 의학적 대상으로 정의하고 난 후, 관련 논의는 기존의 의학 연구 경향을 따르게 되었습니다. 즉, 대장암 위험이 여성에게 높은지 남성에게 높은지, 채식이나 운동이 대장암 예방에 도움이 되는지 살펴보는 것처럼 어떤 사람이 번아웃 상태에 놓이는지, 명상이 번아웃 치료에 도움이 되는지 안 되는지의 논의로 이어진 것입니다.

물론 번아웃 때문이든 다른 이유가 있든 그로 인한 증상이나 불편함 때문에 일상생활이 어렵다면 치료를 받아야 합니다. 번아웃 상태가 됐다면 명상이 회복에 도움이 될지 약물치료가 더 효과적일지 하는 정보도 중요합니다. 하지만 번아웃이 원인을 알 수 있는 몇 안 되는 병적인 상태라면, 원인 해결 방법을 찾는 데 더 노력을 기울여야 하지 않을까요? 감염병 관리에서 마스크 사용이나 예방접종처럼 원인을 차단할 방법을 찾는 것처럼요. 즉, 직무 스트레스를 잘 관리한다는 것이 어떤 것인지, 사람 마음이 소진되지 않도록 하는 직장생활은 어떤 것인지 연구하고 밝혀내야 한다는 것입니다.

하지만 번아웃에서도 주된 관심은 만성적인 직무 스트레스보다 번아웃 진단 기준(당신이 번아웃은 아닌지 확인해보세요), 엄청난 성과를 내다가 번아웃이 온 유명인의 이야기, 그가 다시 행복한 삶을 살게 해준 힐링 기법에 쏟아지고 있습니다. 이러니 다른 정신질환이나 자살은 더하겠지요?

진단명과 치료에 집중할 때 발생하는 또 다른 문제는 진단받은 정신질환만 문제라고 생각하게 된다는 점입니다. 이 책의 필진에 의료인들이 있고, 이 책에도 정신질환에 대한 오해의 해명과 꼭 받아야 할 치료의 내용이 담겼습니다. 하지만 직무 스트레스와 직장 내 정신건강 문제에서 진단과 치료는 문제의 극히 일부를 다룰 뿐입니다. 바다 밑에 커다란 덩어리를 숨긴 채 떠 있는 빙산의 꼭대기처럼, '치료가 필요한 정신질환' 문제는 아직 질병이 되지 않은 혹은 다행히 쇠심줄 같은 멘탈로 부여잡고 있는 수많은 '병적인' 상태 중 심각해져 도드라져버린 문제 일부이기 때문입니다.

그래서 더 많은 관심이 업무상 이유로 인한 정신질환과 자살뿐 아니라, 직무 스트레스 그 자체, 그리고 직무 스트레스가 벌어지는 직장(일터), 병원 가고 치료받을 정도는 아니지만 우리 삶을 메마르게 하는 우리의 몸과 마음 상태에 쏟아져야 한다고 생각합니다. 하지만 한국에서는 직장과 정신건강의 문제가 주로 산재보험 보상 대상인 업무상 정신질환과 자살을 중심으로 제기되어 왔기 때문에 여전히 관심의 초점이 '질환'과 '산업재해 보상'에 가 있음을 느낍니다. 심지어 '진단'을 받아야 직무 스트레스로 인한 고통을 인정받는다고 느낄 때도 있습니다.

우리가 심각한 정신질환이나 자살 못지않게 직장(일터)과 직무 스트레스, 이로 인한 자질구레한 상처들을 줄이고 낫게 할 방법에 관해 더 많이 얘기할수록 이런 오해는 줄어들 것입니다.

이야기를 시작하며

일터에서 겪는 스트레스와 정신건강 문제는 각자 감내할 문제가 아닙니다. 그렇기에 우리는 극단적인 사례 너머를 바라보고, 질병과 치료에 집중하기보다 직장과 원인에 주목해 바꿀 수 있는 것들을 바꿔나가자고 얘기하려 합니다.

1장은 직무 스트레스로 시작합니다. 직무 스트레스를 설명하는 여러 모형을 살펴봄으로써 본인이 겪고 있는 일터의 문제들을 세분화하고, 어디서부터 바꿔나갈지 모색해볼 것을 제안합니다. 이를 통해 막연하게만 느껴지는 직무 스트레스를 분석하고, 나의 문제를 정의하는 데 도움을 받을 수 있을 것입니다.

2장에서는 직무 스트레스의 결과로 나타난 정신질환을 어떻게 바라보고 이해할지 이야기합니다. 생각보다 많은 이가 정신질환 혹은 정신건강 문제를 경험하지만, 여전히 신체질환과는 다른 편견과 터부의 대상이 되곤 합니다. 정신질환에 대한 편견과 오해를 바로잡고, 일터 문제와 관련해 발생하기 쉬운 정신질환을 소개했습니다.

3장에서는 자살을 다뤘습니다. 살아 있는 사람이 스스로 목숨을 끊은 마음과 사고 과정을 다 이해하기란 어쩌면 불가능할지도 모릅니다. 하지만 한 해 13,000여 명이 자살로 사망하는 한국 사회에서, 그중 일터에서의 문제로 자살하는 경우만이라도 그 '이유'를 묻고 우리가 달라져야 할 지점을 찾는 일은 꼭 필요하리라 생각합니다.

4장은 정신질환과 자살의 산업재해 보상의 의미와 절차를 소개했습니다. 실제 보상을 시도하는 분들에게 도움이 되기를 바랍니다. 정신질환이나 자살에 대한 부정적 인식 때문에 여전히 일터에 의해 발생한 정신질환 및 자살의 보상을 신청하는 경우가 매우 적습니다. 정신질환과 자살이 산업재해로 더 많이 인정되고 산업재해 예방을 위한 활동으로까지 이어지기를 바랍니다.

5장에서는 직장 내 정신건강 증진 활동을 소개합니다. 노동자를 이윤 창출을 위한 수단으로 보는 자본주의 사회의 회사에서 정신건강 증진 활동이라는 것이 무슨 의미가 있을까 싶을 때도 있습니다. 하지만 우리는 일하면서 살아가기에 우리가 할 수 있고 회사에 요구할 최소한의 활동이 있습니다. 일터에서 변화를 도모하려는 분들에게 도움이 되기를 바랍니다.

마지막으로 실제 자신의 일터에서 노동자가 마음다치지 않도록 활동 중인 분들과의 대담을 담았습니다. 의료인으로, 노동자 당사자로, 인권활동가이자 상담활동가로 노동자 정신건강 문제를 다뤄온 분들이 얘기하는 일터의 현실, 과제가 담겨 있습니다. 이들 모두 노동자 정신건강을 증진하기 위한 활동이 따로 있는 것이 아니라, 회사가 민주적으로 운영되고, 노동자의 목소리와 힘이 세져, 노동자가 일하기 좋은 일터가 되는 것이 노동자 정신건강 증진에 가장 중요하다고 입을 모읍니다.

이미 서점에는 스트레스와 정신질환에 관한 책이 많이 나와 있습니다. 정신건강 문제로 고생했던 당사자의 이야기, 직장에서의 스트레스 때문에 고민 끝에 직장을 때려치운 경험담, 직장인이 흔히 겪을 수 있는 정신건강 문제에 대한 소개와 해설 등 종류도 다양하고요. 여러 책이 모두 강조하는 것 중 하나는 '당신 잘못이 아니다'라는 것입니다. 어떤 이유로든 일상생활에 지장을 받을 정도로 우울해지거나 불안해지거나 의기소침해지면 '남들은 다 꾸역꾸역 살아가는데 나는 왜 이럴까'라고 생각하게 됩니다. 이미 우울하고 불안하고 의기소침한 마음 상태 때문에 더욱 불필요하게 자기 탓을 하기도 하지요. 하지만 여러 차례 강조하듯이 다들 '꾸역꾸역' 살고 있다면, 누구나 주말만 기다리며 직장생활을 이어가고 있다면, 그건 직장에 문제가 있는 게 아닐까요?

'당신 잘못이 아니다'라는 말은 직장 문제로 괴로워하는 많은 노동자에게 몇 번이라도 반복해서 얘기해도 지나치지 않을 만큼 중요한 위로이지만, 그래도 이 책은 이런 위로를 드리려고 쓰는 책은 아닙니다. 당신의 아픔에서 출발하더라도 고개를 돌려 문제를 함께 바라보고 짚어보며, 현실을 바꿔보자고 얘기하고 싶었습니다. 그러니까 오히려 우리가 지금 당장 더 많은 얘기를 나누고 싶은 사람은 직장 일로 아프고 힘든 사람이 아닐지도 모릅니다. 괴롭힘과 실적에 시달리고, 상사의 눈치를 보며 차별을 견디느라 상처받은 당사자에게 지금 당장 주먹 쥐고 일어서서 문제를 해결하기까지 하라고 할 수는 없는 노릇이니까요.

이 책을 읽어줬으면 하는 이들은 힘들지만 어떻게든 일하고 있는 수많은 노동자, '멘탈 약한' 직원을 탓하고 있는 관리자, 힘들어하는 주변 동료를 보며 안타까웠던 경험이 있거나 한때 죽고 싶을 만큼 힘들었지만 큰 한숨 내쉬고 다시 직장생활을 시작했을 사람입니다. 어쩌면 대한민국에서 일하는 모든 사람과 얘기를 나누고 싶다는 뜻일지도 모르겠네요. 이 책을 통해 우리의 일터도 달라질 수 있다거나 달라져야 한다는, 더 나아가 우리의 삶이 구성되는 이 사회의 큰 그림 자체를 바꿔나갈 수도 있다는 질문이나 희망으로 이어진다면 좋겠습니다.

직장 내 정신건강 문제에 관심 있는 사람들이 모여 1년 넘게 함께 공부하고 글을 쓰며 노동자나 활동가 대상으로 교육을 진행하면서 작업한 결과물입니다. 글을 쓰는 동안 필자들 사이에도 '정신건강을 해치지 않는 직장생활이 가능할까?', '자본주의에서 임금노동 자체가 우리 정신건강을 좀먹는 것이 아닐까?' 하는 무력감이 들 때도 있었습니다. 그렇지만 필자들을 포함한 우리 모두 출근해서 퇴근을 기다리며 하루하루 살아가고 있고, 그 하루하루를 다르게 구성하자는 제안이라는 점에서 지금까지의 고민을 전해드립니다. 싫든 좋든 일하는 사람에게 큰 의미를 지닐 수밖에 없는 일터라는 공간이 나에게 적대적이지 않기를, 나의 인격을 걸어두고 출근하는 곳이 아닐 수 있기를 바랍니다. 직무 스트레스와 직장 내 정신건강의 문제를 겪는 많은 노동자의 고민이 일터에서 일하는 사람들이 자신의 힘을 되찾는 과정과 연결되기를 바라며 책을 엽니다.

1장

일과 정신건강

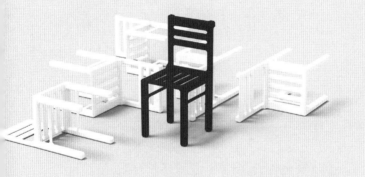

'나는 왜 멘탈이 약할까? 다들 겪는 일이라던데 왜 나만 이렇게 힘들까?'

민수 씨는 직장에서 겪은 일을 곱씹으며 늦게까지 잠을 이루지 못합니다. 입사 3개월째인 민수 씨는 아침부터 상사에게 업무가 서툴다는 지적을 받았고, 점심을 거른 채 일했는데도 제시간에 퇴근하지 못했습니다. 이런 자신을 둘러싼 회사 동료들의 무신경한 반응은 민수 씨를 자꾸 움츠러들게 합니다. 다른 생각으로 주의를 돌리려 스트리밍 채널을 켜보지만, 몸의 피로와 정서적 불편감이 범벅돼 기분이 나아지지 않습니다.

민수 씨가 호소하는 과도한 업무, 직장 내 인간관계의 어려움, 장시간 노동과 같은 직무 스트레스를 물리적, 화학적 위험과 구분하여 사회심리적 위험이라고 합니다. 사회심리적 위험은 구체적이거나 객관적이지 않으며, 대부분 눈에 잘 드러나지 않는다는 특징이 있습니다. 또한, 같은 환경에서도 개인마다 반응하는 방식이 달라 위험의 수준은 다를 수 있습니다. 이런 전제는 언뜻 개인의 취약성 때문에 정신건강에 적신호가 켜진다는 가설을 지지하는 듯 보입니다. 정말 그럴까요?

　정도의 차이는 있겠지만 일터에서 겪는 스트레스나 불안감, 우울과 소진은 우리 일상에서 낯선 것이 아닙니다. 통계청에서 국내 표본 39,000명을 대상으로 시행한 2018년 사회조사 결과에 따르면 조사 대상 여성의 69.8%, 남성의 73.3%가 직장생활에서 스트레스를 받고 있다고 합니다. 전체 대상 인구 중 5.1%가 지난 1년 사이 자살 충동을 느낀 적 있다고 응답했는데, 이 중 9.4%는 직장 문제가 가장 큰 이유였다고 밝혔습니다.

1. 직무 스트레스의 여러 얼굴

위 통계에서 '직장 내 스트레스'라고 표현되는 여러 문제는 좀 더 가까이서 살펴보면 다양한 이름이 있습니다. 이를 밝히기 위해 국내 여러 연구는 일터에 산재한 사회심리적 위험 요인들과 노동자의 정신건강이라는 주제를 다루고 있습니다.

먼저 노동시간이 노동자들의 정신건강에 미치는 영향을 살펴본 연구들이 있습니다. 질병관리본부는 국민의 건강 및 영양 수준을 파악하고 국가의 건강정책 수립에 필요한 통계를 구축하기 위해 '국민건강영양조사'를 수행하고 있습니다. 이 자료는 제한적이기는 하나 근로시간, 고용조건 등 일하는 사람들의 통계 역시 포함하고 있습니다. 국민건강영양조사를 이용한 연구에서 주당 40~48시간 일하는 노동자에 비해, 60시간 이상 근무하는 노동자의 우울 증상이 1.62배 증가한다는 결과가 나타났습니다.[1]

그림1. 주당 노동시간에 따른 우울 증상 위험1

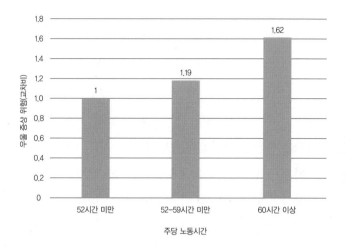

또 다른 연구는 노동시간이 길수록 노동자의 우울 증상이 증가하는데, 비정규직일수록 더 심하게 나타난다고 보고했습니다.2 야간노동과 우울의 관계를 탐색하기 위한 메타분석(여러 연구 결과를 종합해 분석) 결과 야간근무를 수행한 집단에서 우울증 위험이 43% 증가하는 것으로 나타났습니다.3 야간노동을 수행할 경우 호르몬 변화에 의해 자율신경계가 교란되거나 수면장애를 유발해 우울증이 진행되는 것으로

그 기전을 설명합니다. 이외에도 야간노동은 사회적 관계를 안정적으로 유지하거나 가족이나 친구들로부터 사회적 지지를 받기 어려운 환경에 놓이게 하고, 이런 상황에서 스트레스에 노출될 경우 더 취약한 상태에 이르게 만듭니다. 마찬가지로 주말에 근무하는 횟수가 많을수록 정상적인 사회적 관계를 맺기 어려울 수 있습니다. 즉, 동일한 노동시간이라 해도 하루 중 언제 일하는지, 남들이 쉴 때 쉴 수 있는지 여부가 중요합니다. 스트레스의 원인이 같더라도 이를 어떻게 다루고 중재하느냐에 따라 그 일을 하는 노동자에게 다른 결과를 나타낼 수 있는 것입니다.

일터에서 경험하는 폭력 역시 노동자의 우울 위험을 높일 수 있습니다. 안전보건공단 산업안전보건연구원에서는 작업장의 위험 요인과 사회심리적 요인이 근로 환경에 어떤 영향을 미치는지 파악하기 위해 국내 취업자를 대상으로 '근로 환경 조사'를 시행합니다. 이를 활용한 일터 내 폭력과 노동자의 우울증의 상관관계에 대한 연구[4]가 보고된 이후, 2015년에 국내에서 대리운전 노동자를 대상으로 폭력 경험의 정도와 우울 증상 위험을 평가했습니다. 전체 대리운전 노동자의 4%가 신체 폭력을 경험했고, 폭력을 경험한 노동자는 폭력 경험이 없던 노동자에 비해 우울 증상이 3.26배 높은 것으로 확인됐습니다.[5] 일터에서의 폭력은 우울뿐만 아니라 외상 후 스트레스 장애를 유발할 수 있고, 이는 자살의 매우 중요한 위험 요인이 되기도 합니다.

한편 감정노동은 국내에서 일과 관련된 정신건강의 주제로 가장 자주 언급되는 분야입니다. '감정노동'은 1983년 사회학자 혹실드A.Hochschild에 의해 처음 사용된 용어로, '임금과 교환되는 감정 표현 수행을 위해 감정을 조절해야 하는 업무'로 정의됩니다.[6] 항공기 승무원, 판매노동자, 간호사 등 다양한 서비스 노동자가 제공하는 서비스에 '감정'이 포함되고, 이 때문에 업무 수행 과정에서 '감정'마저 연기해야 하는 상황을 말합니다. 게다가 한국의 권위주의적 조직문화나 서비스 노동자의 낮은 노동조합 조직률은 고객과 대면하는 노동자가 기업의 통제와 고객의 요구를 일방적으로 수용할 수밖에 없는 종속적 위치를 강화

그림2. 대리운전기사의 지난 1년간 폭력 경험에 따른 우울 위험5

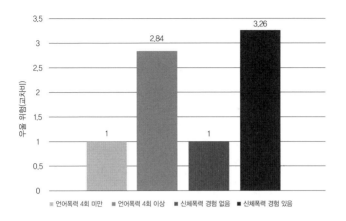

■ 언어폭력 4회 미만 ■ 언어폭력 4회 이상 ■ 신체폭력 경험 없음 ■ 신체폭력 경험 있음

합니다.

감정노동이 노동자의 건강에 미치는 영향은 2000
년대 이후부터 연구되기 시작했습니다. 2002년 감정
노동을 수행하는 서비스업 노동자의 우울증 위험을
밝힌 최초의 연구7가 있었고, 은행에서 근무하는 여
성노동자 중 '감정부조화'(일하면서 요구되는 감정 표현
이 노동자 본인의 실제 감정과 일치되지 않음을 인지하면
서 갖게 되는 정서적 긴장 상태를 말합니다.)를 경험하는

노동자는 그렇지 않은 비교군에 비해 우울 증상의 발생 위험이 1.5~5.9배가량 높아지는 것으로 분석되기도 했습니다.[8] 최근 소방관을 대상으로 한 연구에서도 감정노동과 자살의 관련성이 보고된 바 있습니다.[9]

흔히 생각하는 것처럼 감정노동 자체가 정신건강 문제를 낳는 것은 아닙니다. 오히려 직업적으로 노동자에게 거는 감정적 기대와 노동자가 발휘할 수 있는 감정적 조절 영역이 일치할 경우 감정노동은 조직에 도움이 되고, 노동자에게도 업무 기술을 발휘하며 만족감을 느끼는 원천이 될 수 있습니다. 그렇다면 무엇이 감정노동의 강도를 노동자가 견딜 수 없을 정도로 과도하게 만드는 것일까요? 감정노동의 과정은 고용주, 고객, 노동자의 삼각관계 속에서 이루어집니다. 고객의 폭언, 성희롱은 감정노동자의 노동강도를 높이고 정신건강에 큰 위협으로 작동하지만, 고용주가 감정노동자를 통제하거나 보호하는 정도에 따라 노동자가 체감하는 감정노동의 강도는 달라질 수 있습니다.[10]

즉, 민원 개수로 능력순위를 줄 세운다든지 미스터리 쇼퍼를 고용해 수시로 고객 응대를 평가하는 등 노동자에 대한 모니터링 제도가 많을수록 감정노동의 강도는 높아질 수 있습니다. 또한, 고객의 언어적 · 신체적 폭력으로부터 노동자를 선제적으로 보호하는 제도, 노동자에게 고객의 부당한 요구를 들어주지 않을 권리를 부여하는 제도가 빈약하다면 노동자가 짊어지는 감정노동의 강도는 높아지게 됩니다. 이러한 고객을 향한 감정노동 외에도 상사나 동료에게 감정을 숨기고 업무에 임해야 하는 감정노동 역시 조직문화의 경직도에 의해 그 강도가 높아질 수 있습니다.

노동시간, 야간노동, 일터에서의 폭력, 감정노동 등 노동자가 마주하는 다양한 환경들은 물리적 · 정신적 스트레스원으로 노동자 정신건강의 위험 요인이 될 수 있습니다. 우리가 다음으로 살펴볼 내용은 일터의 다양한 요인들이 '어떻게' 스트레스가 되고, 정신건강의 위협으로 작동할 수 있는지에 관한 이야기입니다.

2. 일은 어떻게 스트레스를 만드나

더위와 추위에 반응해 땀이 나거나 오한이 나는 것처럼, 신체는 자극에 대해 정상 상태를 유지하고자 적절한 대응을 준비합니다. 이 반응을 '스트레스'라고 부릅니다. 인체에는 중추신경계인 뇌와 척수, 말초신경계 외에 자율신경계가 있습니다. 자율신경계는 교감신경계와 부교감신경계로 나뉘고, 이들은 신체 내부 상태나 환경의 변화를 인지해 서로 반대되는 작용을 유도하여 균형을 이룹니다. 외부 자극에 대한 스트레스 반응으로 교감신경계는 맥박을 높이고 혈압을 상승시키며, 동공 확대, 호흡수의 증가, 근육 긴장을 높이는 방향으로 신체를 운용합니다. 우리가 극복하기 어려운 상황에 노출되었을 때 생기는 정신적 · 신체적인 반응을 통해 이를 해결하고, 다시 정상 상태로 돌아가고자 하는 것입니다. 평소 무리 없이 해결해오던 정도의 자극이라면 우리의 신체는 단련해왔던 대로 스트레스 반응을 일으켜 문제를 해결하고 평형을 되찾을 수 있습니다.

학생 시절에 시험을 앞두고 잔뜩 긴장했던 적이 있을 겁니다. 중요한 시험일수록 더 긴장하고 그만큼 더 집중해 공부했던 기억이 있습니다. 시험 당일에는 최고조의 긴장 상태에 있었지만, 자신을 잘 달래가며 실수하지 않고 문제를 풀어 내려갔습니다. 이처럼 적당한 스트레스가 있을 때 사람은 가장 적절한 효율성과 생산성을 가지고 기능할 수 있습니다. 그런데 만약 이 스트레스가 내가 단련해온 것을 훨씬 넘어서는 크기라면 어떨까요? 혹은 너무 오랫동안 끝나지 않는다면요? 처음에 정상적 생체 반응으로 시작한 스트레스 반응은 긴장 상태가 유지되며 우리 몸과 마음을 점점 더 취약한 상태로 끌고 갑니다.

"피할 수 없으면 즐겨라." 수없이 많은 곳에서 인용된 말입니다. 이 유명한 문장은 미국의 심장전문의 로버트 엘리엇Robert Eliot이 자신의 저서 『스트레스에서 건강으로From stress to strength』에서 처음 언급했습니다. 로버트 엘리엇은 스트레스가 심장질환을 비롯한 여러 질환의 위험인자로 작동할 수 있음을 지적하고, 스트레스에 대응하기 위한 방법으로 다음과 같은 마음가

짐을 권유했습니다. "작은 일에 땀 흘리지 마라. 모든 것은 작은 일에 불과하다. 싸울 수도 없고 도망칠 수도 없다면, 흐르는 대로 맡겨라."

그리고 여기 일터에서의 스트레스로 위기에 도달한 노동자가 있습니다. 물류회사에서 일하는 노동자 재형 씨는 입사하여 약 10년간 행정업무를 하다가 갑자기 물류센터로 전보 명령을 받았습니다. 재형 씨는 비연고지에서의 근무와 새로운 업무에 대한 부적응으로 스트레스가 극심해 불면에 시달렸습니다. 재형 씨에게 닥친 모든 일을 작은 일로 치부할 수 있을까요? 설령 혼자서는 싸우거나 도망칠 수 없는 작은 사건들이 그를 몰아간다 하더라도 '흐르는 대로 맡기라'는 말이 무슨 의미인가요? 재형 씨가 마음을 다잡고 다음날 출근을 결심하는 데에 '피할 수 없으면 즐겨라'는 말은 공허하기 짝이 없습니다.

막연한 명언이나 위로 대신 우리는 스트레스를 만들어내는 구조를 확인함으로써 나에게 주어진 과도한 스트레스에 대처하거나 혹은 타인에게 의도치 않게 스트레스를 주는 상황을 인지할 수 있습니다. 즉,

'무엇이 나를 힘들게 하는가'를 들여다보는 것입니다.

일과 관련한 스트레스가 발생하는 구조에 대해 다양한 관점에서의 모델이 제시되는데, 이들 중 어느 하나가 딱 들어맞는 모델이라기보다는 여러 모델이 서로를 보완하고 있다고 이해하는 것이 적절합니다.

1) 직업성 긴장 모델

먼저 소개할 직무 스트레스의 모델은 '직업성 긴장 모델Job strain model'11입니다. 이 모델은 일터에서 나에게 요구하는 바(직무 요구)와 내가 일을 조절할 수 있는 정도(직무 재량)를 중심으로, 어떤 정도로 두 축이 조합되는지에 따라 개인의 스트레스 수준이 달라진다고 설명합니다.

일터에서 나에게 요구하는 바, 즉 직무 요구란 정신적인 직무 요구를 평가하기 위한 개념이며 생산 수준(노동량, 노동 강도)과 밀접하게 연관되어 있습니다. 예를 들어 시간당 몇 개의 제품을 만들어야 하는지, 이번 주에 몇 개의 보고서를 제출해야 하는지 등이 대표적입니다. 이때 단순한 노동시간 외에도 업무 속도, 업무량, 갈등 상황, 업무의 중요도 등이 함께 고려되어야 합니다.

내가 일을 조절할 수 있는 정도, 즉 직무 재량은 업무 과정에서의 결정권과 기술 재량권을 말합니다. 결정권이란 실제로 일할 때 '무엇을 할 것인지, 그 일을 어떻게 할 것인지' 결정할 수 있는 권한을 측정하는 개념으로 회사 내 권위 구조와 깊게 관련됩니다. 기술 재량권은 업무가 얼마나 다채롭고 반복성이 낮은지, 새로운 것을 배우고 특별한 능력을 개발할 수 있는 기회를 포함하는지 정도를 의미합니다. 기술 재량권은 역사적으로 노동자들의 노동 과정에 대한 통제력 행사의 중요한 원천으로 작용해왔습니다.

직업성 긴장 모델에 따르면 직무 요구가 높지만 이를 해결하기 위한 개인의 재량권이 낮을수록 직업 긴장도가 높은 직무로 볼 수 있으며, 이는 개인의 스트레스를 높입니다. 반대로 직무 요구가 적고 직무 재량이 높으면 직업 긴장도가 낮은 직종이며, 가장 스트레스가 적습니다. 중간 그룹인 낮은 직무 요구와

그림3. 직업성 긴장 모델11

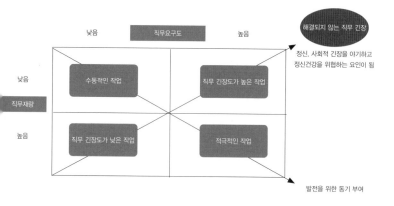

낮은 직무 재량의 직무는 개인의 지적 능력과 기술을 활용할 수 있는 가능성을 배제하거나 혹은 이미 학습된 기술과 능력을 퇴화시킴으로써 개인을 수동적으로 만듭니다. 반면 높은 직무 통제력과 결합한, 그러나 적당히 높은 직무 요구는 개인을 적극적인 존재로 만든다고 설명합니다.

재가요양보호사인 성원 씨는 15년 동안 하루 세 가구, 각 두 시간씩을 할애해 환자들을 돌보고 있습니다. 베테랑 요양보호사이기에 와상 상태인 치매 노인 두 분을 맡았습니다. 상담을 통해 환자 가족의 도움이 필요한 부분을 설명했고, 요양보호사로서 본인이 수행할 수 있는 일과 그렇지 않은 일을 분명히 구분했습니다. 성원 씨가 오랜 시간 성공적으로 요양보호사 업무를 할 수 있었던 것은 직무 요구도가 다소 높았더라도 그만큼 결정권이 컸기 때문입니다. 성원 씨가 소속된 회사는 담당 가구를 각 요양보호사가 평가하는 노동 강도에 따라 분배하고 있습니다. 와상환자가 있는 집, 보행은 불가능하나 몸을 가누는 환자가 있는 집, 보행이 가능하고 간단한 부축이 필요한 환자가 있는 집 등으로 나누고 이동 거리와 요양보호사의 숙련도, 요구되는 노동 강도를 고려해 요양보호사가 담당 가구를 선택할 수 있도록 제도화하고 있습니다. 또한 고객의 부당한 요구로부터 요양보호사를 보호할 수 있도록 고객에게 요양보호사의 업무와 권리를 명시한 안내문을 제공하고 이를 어길 경우 경고 조치합니다. 그리고 신입 요양보호사를 위한 직무교육, 기존 요양보호사들을 위한 사례 공유 교육 등을 지속해서 운영하고 있습니다. 성원 씨도 직무 요구도가 높은 치매 환자 돌봄 업무에서 제한적이나마 결정권과 기술 재량권을 보장받고 있습니다.

그러나 현실에서 모든 재가요양보호사가 성원 씨와 같은 상황은 아닙니다. 많은 경우 직무 요구도가 높고 재량권이 낮은 상황, 즉 노동 강도를 고려하지 않은 가구 배당, 잦은 업무 변경, 일터에서의 폭력이나 부당한 요구, 교육에 대한 기회 박탈을 마주하게 됩니다. 그리고 이러한 직무 요구도와 직무 재량권의 불균형은 해소되지 않는 직무 긴장으로 직무 스트레스 심화 원인이 됩니다.

한편, 해당 모델에서 중요한 점은 직무 스트레스의 요인을 개인의 특성, 즉 개별 능력이나 개인적인 인식에 대한 고려 없이 개인 외부에 존재하는 직무 구조 및 특징으로 평가한다는 점입니다. 직업성 긴장 모델은 단순하고 이해하기 쉬우며 일반적이라는 장점이 있지만, 구체적인 사업장에서 사용하기에는 너무 포괄적이며 사회심리적 노동환경을 서술하기 위해서는 더 많은 차원의 고려가 필요한 것이 사실입니다. 다만 복잡한 현상을 이해하기 위해 드러나는 현상 모두를 측정하기보다 핵심적인 부분에 먼저 접근하는 면에서 의미 있다고 할 수 있습니다.

2) 노력-보상 불균형 모델

직업성 긴장 모델이 직무 특성에만 제한하여 직무 스트레스를 설명한다는 문제의식으로 '노력-보상 불균형 모델Effort-Reward imbalance model'12이 개발되었습니다. 노력-보상 불균형 모델은 투자한 노력 대비 직접 느끼는 보상의 내용과 크기가 불균형할 때 스트레스가 발생한다는 관점입니다. 이는 상호성이라는 개념에서 출발하며 인간이 사회적 존재로서 다른 존재와 상호작용할 때 성공적인 역할을 수행하면 자존감과 자신감을 얻고, 반대로 자신의 기대를 충족하지 못할 때는 나쁜 감정이 생기면서 스트레스를 경험한다고 설명합니다. 업무와 관련한 상호성은 노력과 보상이라는 형태로 나타나는데, 이때 보상은 단순히 임금만을 말하는 건 아닙니다. 노동자에게 사회적 보상은 경제적 수단(돈), 존중 그리고 지위 통제력status control이라는 세 가지 차원으로 분배됩니다.

상수도계량기 검침원인 선영 씨는 지난 10년간 A시의 수도

그림4. 노력–보상 불균형 모델12

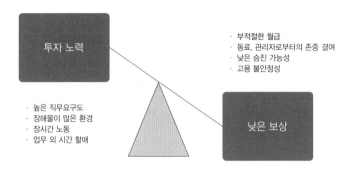

계량기 검침을 담당해왔습니다. 하루 만 보 이상 걸어 가가호호 수도계량기를 확인하는 그는 2년 전부터 시에서 고용하는 공무직이 되었습니다. 이전에는 A시가 작은 하청업체에 검침 업무를 맡겼지만, 2019년부터 시의 직접고용 형태로 고용 구조가 바뀐 것입니다. 선영 씨는 본인의 상태가 과거에 비해 훨씬 나아졌다고 평가합니다. 공무직 전환 후 고용 안전성이 보장되면서 아프면 쉴 수 있다는 것이 가장 큰 장점입니다. 또한 의견 개진 창구가 넓어졌고 정기적으로 안전보건 교육도 받게 되었습니다. 물론 고객의 집을 방문해야 하는 업무이다 보니 때로 고객의 성적 농담에 맥없이 당하고, 개에 물리는 사고의 위험도 여전해 아직 갈 길이 멉니다. 하지만 고용이 안정되고 정년이 보장된 것을 시작으로 많은 것이 달라지리라 믿고 있습니다.

지위 통제력은 직장생활에서 근로자의 자기조정 기능을 위협하는 현상들을 설명합니다. 직무상 역할에 대한 위협은 지속적인 정서적 고통을 유발하며, 해직이나 직무 불안정의 경우 가장 뚜렷한 정서적 고통을 수반합니다. 상수도계량기 검침원 선영 씨처럼 하청업체 소속으로 고용이 불안정하면 다른 위험에 더 쉽게 노출될 수 있고, 아파도 쉴 수 없는 상황에 놓이는 경우가 많습니다. 이렇듯 지위 통제력을 지닌다는 것은 노동자가 일하며 쏟는 노력에 대한 보상의 큰 부분으로 작용합니다. 이 밖에도 원하지 않는 지위로의 이동·승진, 전망 없는 직업 또는 교육 수준에 맞지 않는 직업 등의 경우도 노력-보상 불균형을 야기하는 위험에 해당합니다. 이 모델은 일하는 데드는 노력이 많은데도 불구하고 직업상의 지위 통제력이 작아 기본적인 비용과 소득의 상호성이 없는 상태를 잘 설명해주는 개념입니다. 또한 일반적으로 직업이 불안정해지고 이직과 전직이 잦으며 비정규직이 많아지는 현대 노동시장 유연화 경향과 그에 따른 여러 사회적 변화로 중요성이 커지고 있습니다.

3) 조직정의 모델

또 다른 관점으로 제안되고 있는 것은 '조직정의 모델Organisational justice model'[13]입니다. 이 모델은 내가 다른 사람에 비해 얼마나 공정하게 또는 정당하게 대우받는가에 초점을 둡니다. 즉, 나의 투입input과 산출output의 균형을 어떻게 지각하는가, 혹은 다른 사람과 비교했을 때 내가 받는 보상을 어떻게 지각하는가에 따라 만족이 결정된다는 것입니다. 이때 다른 사람은 직무 및 업무 상태 면에서 동등한 것으로 간주되는 다른 직원이며, 투입은 노력, 시간, 기술, 충성도, 관용, 유연성, 진실성 등이고, 산출은 급여, 상여, 직업 안정성, 인정, 명성, 책임, 승진 등입니다. 다른 사람과 비교해 투입과 산출이 크거나 작다고 생각할 때

이는 불공정성에 대한 인식으로 이어지며 부정적인 결과를 초래할 수 있습니다. 따라서 해당 모델은 불평등inequity 및 부정의injustice와 건강 사이의 관계에 대한 증거로 정서적 혹은 신체적인 문제가 나타난다고 봅니다.

또한 조직정의란 직장을 지배하는 규칙과 사회적 규범에서의 형평성, 특히 '자원 및 이익분배(분배정의distributive justice), 분배를 조절하는 과정과 절차(절차정의procedural justice), 구성원 사이의 관계(상호작용정의interactional justice)를 말합니다. 상호작용정의에는 두 가지 요소가 포함되는데 첫 번째는 관계정의interpersonal justice로 관리자로부터 받는 품격과 존중의 정도이고, 두 번째는 정보정의informational justice로 새로운 절차에 대한 관리자의 설명 유무입니다.

시호 씨는 캐피탈 회사의 지역 지점에서 8년째 일하는 여성 노동자입니다. 입사하던 당시 지원직이었으나 3년 전부터는 지점 인원이 감소해 영업직 업무도 하게 되었습니다. 그러나 임금은 입사 때보다 소폭 상승했을 뿐이고, 실질적으로 동일

그림5. 조직정의 모델13

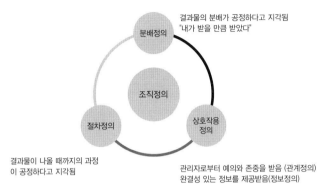

결과물의 분배가 공정하다고 지각됨
"내가 받을 만큼 받았다"

분배정의

조직정의

절차정의

상호작용
정의

결과물이 나올 때까지의 과정
이 공정하다고 지각됨

관리자로부터 예의와 존중을 받음 (관계정의)
완결성 있는 정보를 제공받음(정보정의)

업무를 하는 기존 영업직 입사 동기와는 임금 차이가 더 벌
어지고 있다고 느낍니다. 시호 씨는 인사재무팀에 임금 인상
가능성을 질의했습니다. 동일직급에 동일노동을 하는 남성
동료와 차이가 나는지, 난다면 이유는 무엇인지 물었지만 공
식적인 대답은 없었습니다. 대신 팀장 면담이 잡혔고, 팀장은
"아무래도 자기는 가장이 아니잖아. 육아휴직도 했었잖아"라
는 엉뚱한 말을 늘어놓았습니다. 시호 씨는 본인이 여성이라
서 혹은 가장이 아니라서 임금 인상이 어렵다는 말을 받아들
일 수 없었습니다.

사례에서 시호 씨가 경험한 불편감은 분배정의가 위배된 상태에서 야기됐습니다. 그리고 정보공개 요청이 받아들여지지 않음에 따라 정보정의와 절차정의가 위배되었고, 상사로부터 듣고 싶었던 정보 대신 성차별적인 답변을 받음에 따라 상호작용정의 역시 위배되었습니다. 이런 조직정의 위배 상태는 시호 씨에게 업무상의 스트레스를 유발하고, 정신건강에 해악을 미치며 그 외 다양한 건강 영향을 일으킬 수 있는 잠재적 요인이 됩니다.

실제로 성별 임금 격차는 낯선 것이 아닙니다. 2019년 여성 임금노동자의 시간당 임금은 남성의 69.4%입니다.[14] 남성노동자가 시간당 만 원을 번다면 여성노동자는 6,940원을 버는 셈인데, 여성가족부는 성별 임금 격차를 없애기 위해 기업 차원에서의 직급별 성별 평균임금 통계화를 권고합니다. 그리고 표준화된 임금표(임금테이블)를 마련해 현재의 급여체계를 가시화해둘 것 역시 요청합니다.[15] 이는 분배의 정의를 실현하기 위한 수단으로서 정보정의를 충족시키고자 하는 하나의 제안이며, 차별 구제의 구체적 방안을 선제적으로 마련하려는 노력의 시작입니다. 물론 해당 방안만으로 완전한 것은 아닙니다. 마련한 통계와 임금표가 어떻게 사용되는지, 차별이 발생했을 때 사후적 대책을 어떻게 세우는지에 따라 절차적인 정의 달성도가 달라질 수 있습니다. 인지된 차별에 대한 구제제도, 노사 간의 협의 방식, 표준화된 의사소통 체계 등은 조직정의 달성의 각 단계로 기능합니다. 해당 과정이 원활히 이루어지지 않을 경우 일터에서의 스트레스원으로, 정신건강을 위협하는 요인으로 작동할 수 있다는 관점이 바로 조직정의 모델입니다.

3. 직무 스트레스 측정하기

직무 스트레스 개념의 이해를 바탕으로 노동자들이 직무 스트레스를 '얼마나 심각한 수준으로 경험하고 있는지' 파악하려는 노력이 이어졌습니다. 과도한 직무 스트레스가 노동자의 몸과 마음을 취약한 상태로 이끈다면 구체적으로 어떤 영역의 직무 스트레스가 문제인지, 얼마나 심각한지 파악하기 위해 직무 스트레스를 수치화하고자 한 것입니다. 심각한 정도를 영역별로 수치화함으로써 해당 노동자그룹의 직무 스트레스 조절을 위한 정책의 우선순위를 확인할 수 있고, 중재 전후의 점수를 비교해 직무 스트레스 중재의 효과를 파악할 수 있습니다.

직무 스트레스는 사회문화적인 맥락과도 긴밀한 관계가 있기 때문에 국내 노동자의 노동환경 특징을 반영할 수 있는 도구 개발이 필요했습니다. 2003년 우리나라의 조직구조와 문화적 특성을 고려하여 제안된 것이 '한국인 직무 스트레스 측정 도구(Korean Occupational Stress Scale, KOSS)'[16]입니다. 이 측정 도구는 8개의 하부영역, 총 43개 항목의 설문으로 보편적인 의미에서의 직무 스트레스 요인 관련 문항으로 구성되었습니다.

여기서 강조되어야 할 것은 해당 측정 도구가 결과로서의 증상 수준을 측정하는 것이 아니라, 직무 스트레스의 요인을 평가하기 위한 도구라는 점입니다. 따라서 직장에서 마주하는 스트레스 요인을 노동자 개인이 어떻게 해석하고 얼마나 많은 스트레스를 받는지 나타내는 것이 아니라, 그가 처한 일터의 위험 요인을 분석하는 도구로 삼는 것이 합리적입니다. 즉, 한국인 직무 스트레스 측정 도구는 업종, 기업, 직급 등 특정 노동자 그룹이 어떤 종류의 직무 스트레스 요인에 특히 더 많이 노출되어 있는지 평가하기 위한 도구로 해석됩니다.

이를 개발한 연구진은 이 도구가 측정하는 직무 스트레스 요인이 실제 정신적 부담으로 이어질 수 있는지 검증하여 도구의 타당도를 평가했습니다. 즉, 직무 스트레스 영역에서 높은 점수를 기록할수록 우울함이나 감정적 소진의 위험이 커진다는 것을 확인했습니다. 그럼 이제 표1의 각 영역 및 항목의 예시를 보며, 정신건강을 위협할 수 있는 스트레스원의 구체적인 생김새를 살펴보겠습니다.

하부 영역	항목 요약	예시
물리 환경	작업방식의 위험성, 공기의 오염, 신체 부담 등	· 집중이 필요한 사무실에서 나는 다른 작업 소음 · 작업에 필요한 것보다 과도하거나 부족한 조명 · 적절하지 않은 온도(여름 · 겨울), 습도 · 답답한 공간, 환기 부족, 공기의 질 · 작업하는 공간에 노출되어 있는 위험 물질의 존재 · 좁은 사무 공간(근무 장소 혼잡) · 근무하는 데 불편한 작업 자세(책상의 높이, 작업대의 크기 등)
직무 요구	시간적 압박, 업무량 증가, 업무 중단, 책임감, 과도한 직무 부담 등	· 갑작스러운 업무 변동 · 업무 기한이 지나치게 짧음 · 현재 하던 일을 끝내기 전에 새로운 업무 시작을 지시받음 · 갑자기 늘어난 실적 할당량 · 성과에 대한 압박 · 승진 후 동료 및 부하직원에 대한 관리 업무의 발생

직무 자율	기술적 재량 및 자율성의 부족, 업무 예측이 불가능 함, 직무수행 권한이 충 분하지 않음 등	· 업무 관련 사항(업무의 일정, 업무량, 회의 시간 등)이 예고 없이 갑작스럽게 정해지 거나 바뀜 · 업무 진행 시 무엇을 할 것인지, 어떤 방식으로 처리할 것인지 결정하기 위해 끊임없이 상사의 결재를 받아야 함 · 개인의 작업스케줄을 스스로 정할 수 없음 · 나의 능력을 충분히 발휘할 수 있는 기 회가 없음
관계 갈등	동료나 상사의 지지 부족 등	· 상사의 지속적인 언어적, 신체적 폭력 · 상사로부터 부당한 괴롭힘을 받는데 동 료들은 모른 척함
직무 불안정	구직 기회, 고용 불 안정성 등	· 매년 계약을 갱신해야 하는 고용형태인 데 갱신 여부는 계약 직전까지 확실하게 알 수 없음 · 지금의 직장을 그만두면 달리 갈 곳이 없음 · 지금의 직장이 폐업할 가능성이 있음
조직 체계	조직의 전략 및 운 영체계 미비, 조직 의 자원 부족, 조직 내 갈등, 합리적 의 사소통의 어려움 등	· 직장 내에서 근무평가 제도가 납득되지 않음 · 회의시간에 발언의 기회가 적음 · 업무에 대한 의견을 내어도 받아들여지 지 않음 · 타 직원 및 부서와의 협조가 잘 이루어 지지 않음 · 업무에 필요한 인원, 공간, 장비 등이 부족함
보상 부적절	존중, 내적 동기, 기 대 부적합 등	· 나의 노력과 업적을 고려했을 때 수입 이 적절하지 않음 · 업무 외 시간에 수시로 연락이 와 업무 외 생활을 존중받지 못함 일 자체에 큰 흥미가 없음

		· 회식이 강제적으로 이루어짐
직장 문화	집단주의적 문화, 비합리적인 의사소 통체계, 비공식적 직장문화 등	· 구성원 간에 개인적인 일을 이야기하도록 강요받음 · 막내라는 이유로 팀 내에서 가장 기피하는 일을 맡게 됨 · 남자라는 이유로 육체적으로 힘든 일이 몰림 · 여자라는 이유로 승진이 안 됨

표1. 한국인 직무 스트레스 측정 도구와 예시

한국인 직무 스트레스 측정 도구는 물리 환경, 직무 요구, 직무 자율성, 관계 갈등, 직무 불안정성, 조직 체계, 보상 부적절, 직장문화 8개 영역을 측정하는 질문지로 구성되어 있습니다. 위 표에서 제시한 예시는 설문지 문항을 보며 수검자가 떠올릴 수 있는 직장에서의 상황입니다. 앞서 살펴본 여러 모델을 바탕으로 만들어진 이 측정 도구는 각 직무 스트레스 하위 영역이 얼마나 심각한 수준인지 수치로 보여준다는 장점이 있습니다. 그리고 특정 직종, 회사, 부서에 속한 노동자들이 주로 마주하는 직무 스트레스의 하위 영역 평가는 개선이 시급한 문제를 파악할 단서를 제공합니다. 노동자가 일하며 주로 겪는 직무 스트레스 영역을 확인하고, 이 때문에 아파하지 않도록 개입하는 것이 측정의 가장 중요한 목표라고 할 수 있겠습니다.

한국인 직무 스트레스 측정 도구 설문지와 점수 산정 방법은 '직무 스트레스 요인 측정 지침(KOSHA GUIDE H-67-2012)'에서 확인 가능하며, 안전보건공단 홈페이지에서 해당 지침 및 직업군에 따른 대표적인 직무 스트레스 원인과 예방관리 전략을 찾아볼 수 있습니다(한국산업안전보건공단 홈페이지 kosha.or.kr 〉 자료마당 〉 법령/지침정보 〉 안전보건기술지침).

4. 스트레스가 병이 되지 않도록:
개인적 중재와 조직적 중재

미국산업안전보건연구소The National Institute for Occupational
Safety and Health, NIOSH에서는 기존의 다양한 직무 스트레
스 요인을 고찰해 그림6과 같은 모델을 제시했습니
다. NIOSH 모델17은 직무 스트레스가 급성 반응을
거쳐 질병으로 이어진다고 보고, 그 경로에서 영향을
미치는 개인적 요인, 비직무적 요인, 완충 요인이 존
재한다고 지적합니다.

위험한 환경에서 일하는 것, 장시간 노동, 고용 불
안정성과 같은 다양한 스트레스 요인이 급성 반응으
로 이어지는 데에 직무 외의 요인들도 영향을 미칠
수 있습니다. 개인의 재정 상태, 가족 상태와 같은 비
직무적 요인에 의해 노동자는 질병의 위험에 취약해
질 수 있고, 기본 건강 상태가 좋지 않은 노동자인 경
우 더욱 쉽게 급성 반응을 보일 수 있습니다. 반대로
사회적 지지 기반이 두텁고 활용 자원이 풍부한 노동
자라면 스트레스 요인에 잘 버티는 능력을 발휘할 수

그림6. 직무 스트레스 NIOSH 모델17

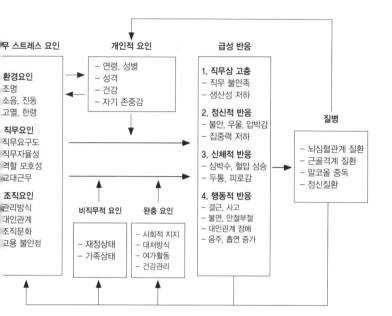

도 있습니다. 같은 업무를 하며 유사한 정도의 스트레스에 노출된다고 해서 모두 정신질환을 앓게 되는 것은 아닙니다. 위 모델에서 설명하듯, 개인이 처한 상황과 맥락에 따라 업무상의 스트레스에 더 취약한 노동자가 있을 수 있습니다.

이제 이 장의 처음에 "왜 나는 멘탈이 이렇게 약할까?"라고 자문하던 노동자 민수 씨를 떠올려 봅시다. 그는 지금 업무 스트레스에 대처하기 위해 이제막 신체적·정신적 대응을 시작한 '급성 반응' 상태에 놓여 있습니다. 무사히 대처하고 평정 상태로 이행할 수 있는 정도를 넘어 감당할 수 없는 스트레스로 질병 상황에 이르기 직전입니다. 우리는 그의 성별이나 연령처럼 바꿀 수 없는 요인에 관심을 기울이기보다 바꿀 수 있는 것들을 바꿔나감으로써 그가 마주한 스트레스가 병이 되지 않도록 중재를 시작해야 합니다.

업무 스트레스에 대한 중재는 크게 개인적 방식과 조직적 방식이 있습니다. 개인적 방식은 다양한 개인의 완충 요인에 접근해 스트레스를 관리합니다. 이완 요법으로 평정심을 찾도록 돕는다든지 심리 상담을 통해 지지 체계를 만들게 하는 프로그램들이 개인적 중재의 예시입니다. 현재 많은 사업장에서 노동자 정신건강 문제를 다룰 때 사용하는 방식은 개인적인 접근이며, 이는 노동자들에게 큰 도움이 되기도 합니다.

증권사 직원 용재 씨는 평소 친하게 지내던 동료가 자살한 후 먹먹한 마음으로 한동안 일이 손에 잡히지 않았습니다. 회사는 전체 직원이 심리 상담을 받도록 지원했고, 용재 씨는 몇 회의 상담을 받은 후 일상을 회복했습니다. 이런 회사의 지원은 용재 씨에게 실제로 도움이 되었고, 그는 다른 직원들에게도 상담을 권했습니다. 그리고 이런 사건이 아니더라도 심리 상담 프로그램이 상시 운영되었으면 하고 바랐습니다.

사례에서 용재 씨가 경험한 심리 상담은 개인적 중재 방식의 한 예입니다. 한편 조직적 중재는 직무 스트레스의 원인에 대한 접근을 강조합니다. 즉, 조직적 접근이란 직무 스트레스 반응을 보이는 노동자에 대해 그 원인을 소속 집단의 문제로 인식하고 이의 해결 방안을 모색하는 방식입니다. 직무 스트레스가 이를 극복할 수 없는 개인의 문제가 아니라 업무 자체의 문제라면, 강인한 노동자도 결국 스트레스 관리에 실패해 건강에 위협을 받을 수밖에 없습니다. 따라서 장시간 노동, 성과 압박, 직장 내 괴롭힘, 성차별 등 다양한 직장 내 스트레스원 관리에 개인적 중재만을 시도하는 것은 바람직하지 않습니다.

자살을 선택한 증권사 직원은 용재 씨 동료 한 사람만이 아닙니다. 2000년대 12건, 2010년대 19건. 그리고 금융노동자 전체로 확대하면 이보다 더 많은 수의 노동자가 자살로 생을 마감했습니다. 사무금융노동자의 정신건강을 다룬 연구[18]에서 많은 참여자가 성과 압박을 노동강도 강화의 가장 큰 요인으로 꼽았고, 성과 압박을 느낀다고 답한 노동자의 경우 자살을 생각하는 위험이 그렇지 않은 노동자에 비해 약 1.6배 높았습니다. 연구진은 사무금융노동자들이 직종을 막론하고 성과 압박과 실적 중심의 일 문화가 문제라고 생각하면서도, 그것이 금융업 자체의 특성이기에 조직의 변화를 일정 부분 포기하거나 어쩔 수 없는 문제로 인식하는 경우가 많음을 발견했습니다. 그리고 연구에 참여한 사무금융노동자 중 남성의 32.1%, 여성의 36.5%가 자살을 생각했거나 계획 및 시도한 적이 있는 자살 고위험군으로 나타났습니다. 취약한 개인의 문제라고 보기에는 너무 많은 노동자의 정신건강에 적신호가 켜진 셈입니다. 노동자들은 평가 방식을 바꾸거나 평가와 급여의 연계를 줄이고, 회사가 좀 더 안정적인 금융상품을 개발하는 등의 변화가 있다면 금융업계에서도 직무 스트레스를 줄일 수 있다고 제안합니다. 이런 접근이 조직적 중재에 해당합니다.

직무 스트레스 관리에서 조직적 접근만이 중요하다거나 개인적 관리만을 강조하는 것은 적절치 않습니다. 두 가지 중재 모두 스트레스가 병이 되지 않기 위해 미리 준비돼야 할 안전장치입니다.

5. 건강하게 일하기 위해
   직무 스트레스를 다루기

지금까지 직무 스트레스를 설명하는 대표적인 모델들을 살펴보면서 정신건강을 위협하는 일터의 위험 요인들에 이름을 붙이고자 했습니다. '직무 스트레스'라는 눈에 보이지 않는 개념에 이름을 붙이고 그 관계를 따져보는 일의 목적은 무엇일까요? 일에서 발생하는 스트레스가 노동자의 건강을 위협하지 않도록 적절히 개입하기 위해서입니다.

일하는 사람은 필연적으로 스트레스를 느끼게 됩니다. 직무 스트레스에 대한 적절한 중재가 없다면 우울증, 불안장애, 공황장애 등 다양한 정신질환 발병의 위험이 높아지며, 직무 스트레스로 인한 정신적 소진은 때로 전신 피로, 근육통, 두통처럼 설명하기 어려운 건강 악화로 나타나기도 합니다.

일하는 사람의 스트레스는 수없이 다양합니다. 과로, 직장 내 괴롭힘, 성차별, 공정하지 않은 조직 체계, 고용의 불안정성 등 직무 스트레스의 요소가 여러 이름을 가지게 된 이유는 그것을 조정하기 위한 여러 노력이 필요하기 때문입니다.

　과로하지 않기 위해 적절한 시간 동안 적정한 양의 업무 조정이 필요하고, 직장 내 괴롭힘의 피해자를 만들지 않기 위해서는 괴롭힘을 정의하고 예방할 힘이 있는 조직 문화를 만들어야 합니다. 성차별을 비롯해 공정하지 않은 조직 체계를 개선하려면 성별 권력이 직장 내 미치는 영향을 조사하고 바로잡기 위한 제도를 구상해야 합니다. 그러나 보이지 않고 정량화하기 어려운 노동 조건들은 너무 쉽게 노동자 개인의 취약성으로 설명되곤 합니다. 개입을 위한 첫걸음은 눈에 보이지 않는 직장에서의 스트레스 요인들을 제대로 마주하는 것이며, 직무 스트레스를 평가하기 위해서는 구조적이고 포괄적인 접근이 필요합니다.

　이것이 직무 스트레스를 설명하기 위해 여러 모델을 살펴본 이유입니다. 여러 모델은 상호보완적으로 일하는 사람이 겪는 스트레스를 설명합니다. 특정 모델만으로, 혹은 직무 스트레스 측정 도구 한 가지만으로 스트레스원을 도출한다면 개선 노력을 시작할 때 한계가 드러나기 마련입니다. 일터의 다양한 환경을 고려하고 일터에 산재한 여러 가지 스트레스원을 확인하는 것은 그래서 의미 있고 중요한 작업입니다.

우리 사회의 대표적인 감정노동자인 콜센터 노동자는 업무 대부분이 고객의 불만, 요청사항을 접수하는 것인 만큼 많은 언어폭력에 노출되어 있습니다. 서울서부근로자건강센터[19]에서는 2015년부터 2018년까지 주차민원콜센터 노동자의 직무 스트레스원을 파악하고 이를 개선하려는 사업을 수행했습니다. 첫 해에는 근로자건강센터의 전문가들이 방문해 환경적 요인을 평가하고 설문을 진행하는 한편 노동자별로 구조화된 면담을 진행했습니다. 여기서 파악된 직무 스트레스 유해 요인들을 표2에서 요약하고 있습니다.

직무 스트레스 요인	세부 내용
근무 환경 요인	- 장시간 좌식 근무: 어깨, 목, 허리 통증, 근골격계 질환, 체중 조절 문제 - 야간 교대근무: 수면 문제, 불규칙한 생활습관, 높은 뇌심혈관 질환 위험도

작업 특성 요인	– 직무 스트레스 요인 설문 결과(KOSHA GUIDE H–67–2012, KOSS–SF) · 높은 직무 부담, 낮은 직무 자율성 · 직무 불안정(정규직 순환근무 노동자), 고용 불안정(파견노동자) · 업무 체계: 낙후된 전산 시스템, 부서 간 협업 결여, 업무 매뉴얼 부재(악성 민원인 처리 절차, 노동자 보호 체계 등) · 노동자 고충 상담 창구 결여 – 감정노동 설문 결과(KOSHA GUIDE H–163–2014, K–ELS) · 고객 응대의 과부하 및 갈등 높음. 악성 고객 응대가 어렵고 힘듦 – 직무 및 감정노동 스트레스 높은 이유 · 업무 특성: 주차 위반자의 경우 불편한 주민이 신고하는데, 주차 위반자의 이의·불만제기 과정에서 콜센터 노동자들은 민원인의 폭언, 욕설, 부당하고 무리한 요구 등에 계속해서 노출될 수밖에 없음 · 00구는 서울 내 주차 공간이 가장 부족한 지역으로 주차 민원 가장 빈발 · 민원인 특성: 높은 경제·교육·문화 수준 민원인의 요구적, 권위적 태도 – 악성 민원, 장시간 민원에 대하여 상황을 종료할 수 없도록 한 매뉴얼
관리 요인	– 연 2회 서비스 응대, 성폭력 대응 외 직무 관련 교육·훈련 부재 – 건강 증진 프로그램 부재 – 직무 스트레스 및 감정노동 예방 및 관리 프로그램 부재

표2. 서울서부근로자건강센터 콜센터 사업장의 사례로 본 감정노동 사업장 직무 스트레스 예방·관리: 1차년도 직무 스트레스 유해 요인 파악[19]

그리고 직무 스트레스 유해 요인으로 지목된 다양한 사항을 개선할 수 있도록 표3과 같은 세부 개선 방안을 제시하고 개입 계획을 세워 이행하는 과정을 거쳤습니다.

요인	구분	세부 내용
작업특성	근무 환경 개선	· 좌식 작업 근골격계 질환 예방을 위한 조절식 의자 설치 · 수납장 비치 · 소음 줄이기 위한 작업대 간 적절한 거리 및 공간 확보 · 민원인 전화 상담과 대면 상담 공간 분리 · ARS 시스템 정비(통화 중단 방지, 상담원 인권 보호 안내 멘트 삽입 등)
	직무 요구	· 야간 교대근무자의 수면 문제로 인한 신체 불균형 해소 · 업무 관련 교육(도로교통법 등) 실시
	직무 자율성	· 민원인의 부당한 요구, 협박에도 상담원이 통화 중단 가능한 규정 도입
	감정노동 관리	· 폭언, 성희롱 발생 시 법적 조치, 상담원 인권 보호 등을 민원인에게 안내 · 악성 민원인 응대 후, 정서적 안정을 취할 수 있는 공간 및 시간 지원 · 감정노동자에 대한 복지 지원(문화예술 관람 기회 제공, 단체여행 등) · 관리자가 직무 스트레스 예방 안전보건공단의 관리감독자용 지침 숙지

관리	휴식	· 휴게 공간 및 소품 조성 · 업무 중 적정한 빈도의 휴식시간 운영
	의사소통 창구 마련	· 노동자 고충상담 전담자 지정, 상시 건의사항 접수하는 제도 마련 · 타 부서(콜센터–단속반)간 원활한 협업 체계 마련
개인	신체적 관리	· 노동자 건강 증진 상담, 스트레칭 실습 프로그램 제공
	심리적 관리	· 직무 스트레스 완화 및 힐링 프로그램 제공 · 스트레스 관리에 대한 안전보건공단 노동자용 지침과 리플렛 비치 · 심리 상담 가능한 기관의 위치, 연락처, 이용방법 등을 상담원에게 안내

표3. 서울서부근로자건강센터 콜센터 사업장의 사례로 본 감정노동 사업장 직무 스트레스 예방·관리: 2015–2016년도 직무 스트레스 개선을 위한 조직 차원의 대책 수립 내용19

이후에도 노동자, 사업주, 전문가가 의견을 주고받으며 해당 사업장에서 직무 스트레스 요인을 파악하고 개선하기 위한 노력이 이어졌습니다. 1차년 개입 이후 변화된 환경에 따라 새로운 실천 사항들이 제시되었고, 그 경과를 주기적으로 확인하며 다시 새로운 개입 지점들을 마련해갔습니다. 민원인의 욕설 성희롱이 2회 경고 후에도 지속될 경우 상담원이 먼저 전화를 중단할 수 있게 되어 직무 자율성이 보장되었고, 권한이 있는 관리자가 악성 민원인과의 통화를 전담함으로써 업무 요구도와 업무 자율성의 부조화를 예방할 수 있게 되었습니다. 또한 노동자 개인에게는 스트레스 관리법 교육 등을 통해 스트레스에 대처하는 능력을 키우도록 했습니다. 그 결과 직무 스트레스 조사, 감정노동 조사 결과가 개선되었고 조직문화 역시 협력적으로 변화하는 결과를 이뤄냈습니다.

이와 같은 개입이 항상 성공적으로 이루어지는 것은 아닙니다. 위 사례와 같이 노동자와 사업주, 전문가가 유기적으로 일터의 문제를 들여다보고, 개입 지점을 설정해 현실성 있는 개선 방안을 기획하는 것, 실천과 경과를 확인하는 일은 많은 품과 노력이 드는 작업입니다. 특히 직무 스트레스 문제를 다룰 때, 많은 경우 사업주는 조직을 바꾸지 않고 문제를 다루는 데에만 관심을 둡니다. 과도한 직무 요구를 극복할 수 없는 개인으로부터 직무 스트레스 문제가 발생한다고 보는 관점도 문제지만, 조직적 수준에서 개입을 진행하는 것보다 개인적 수준에서 개입의 효과를 지켜보는 것이 훨씬 용이하기 때문입니다.

과로자살 사건이 있었던 한 기업에선 남은 노동자

들의 정신건강 상태를 우려해 위로와 염려의 마음을 담은 카드와 슬로건을 제작해 배포했습니다. CEO의 지시에 따라 갑작스레 제작을 맡게 된 직원은 그날 야근을 했습니다. 다음날 제일 먼저 출근해 카드를 직원들 자리에 올려두면서 그는 어떤 생각을 했을까요? 물론 해당 기업이 카드 전달 이벤트만을 기획하지는 않았습니다. 자살 경위에서 이름이 거론된 당사자들을 위해 심리 상담을 지원했고 휴식이 가능하도록 조치했습니다. 출퇴근 확인 시스템을 도입하고 더 자유롭게 연차를 사용할 수 있도록 독려했습니다. 그리고 몇 해가 지난 지금, 여전히 그 기업에는 주 70시간 넘게 일하는 노동자들이 있고 일정이 바빠 사용하지 못한 연차가 30일에 달하는 노동자들이 있습니다. 이벤트는 쉽지만 조직적 개입은 어렵고, 지속적인 유지는 더 어렵습니다.

그럼에도 직무 스트레스를 다루는 일, 그리고 마음 다치지 않는 일터를 만드는 일은 우리가 살펴본 다양한 직무 스트레스의 얼굴을 또렷하게 마주 보는 데서, 개입이 필요한 지점의 우선순위를 매기는 데서 시작합니다. 그리고 현실에 발붙인 구조적인 개입을 고려해야 하며 이는 노동자, 사업주, 전문가가 소통을 바탕으로 함께 진행할 때 비로소 가능해집니다.

산업안전보건법 제5조는 사업주에게 근로자의 안전과 건강을 유지·증진하고 국가의 산업재해 예방시책에 따라 산업재해 방지에 필요한 조치를 하도록 하고 있습니다. 동조 제1항 제2호는 "근로자의 신체적 피로와 정신적 스트레스 등을 줄일 수 있는 쾌적한 작업 환경을 조성하고 근로조건을 개선할" 사업주의 의무를 명시하고 있습니다. 또 스트레스로 인한 급성 반응을 겪고 있는, 아직 질병으로 진단받지 않은 노동자들을 보호하는 것 역시 사업주의 의무입니다. 다시 말해 일터에 산재한 요인들을 미리 파악하고 이런 요인들이 노동자들에게 미칠 건강상의 영향을 예측하는 일, 그리고 노동자를 위험에서 보호하는 것이 사업주의 의무입니다. 정신건강의 영역에서 개인의 취약성이 모든 발병의 원인이라고 치부하는 접근은 이런 사업주의 책임을 아주 작은 것으로 축소하고 맙니다. 노동자 개인이 얼마나 취약성을 지닌 존재인지가 문제의 핵심이 아니므로 그가 노동과정에서 마주칠 수 있는 정신건강의 위험 요인이 무엇인지, 지금 겪고 있는 정신건강상의 위협이 무엇인지 밝혀야 합니다. 그리고 노동자의 안전을 확보하기 위해 어떤 구조적 개입이 효율적인지 파악해야 합니다. 일하는 사람의 건강이 '일터에서의 시간'으로 결정될 수 있다는 것을 잊지 말아야 합니다.

2장

정신질환의 이해

이른바 '정신병'이 없다면 곧 정신적으로 건강한 사람이라는 의미일까요? 불면증이 있어 정신건강의학과에서 약을 처방받는 사람은 정신질환자일까요, 아닐까요? 본 장에서는 정신건강의 의미와 정신질환, 정신질환자의 정의를 하나하나 알아보겠습니다. 정신질환이 생기는 원인 및 신체질환과 다른 특성에 관해서도 살펴봅니다. 그리고 정신질환과 그 치료에 대한 '위험할 수도 있는' 흔한 오해들을 짚어봄으로써 우리가 정신질환 치료에 대해 가져야 할 바람직한 태도를 생각해 봅니다. 아울러 좋은 치료기관을 선택하는 기준과 환자의 권리도 확인합니다. 끝으로 일터와 자주 관련되는 정신질환의 양상과 사례를 살펴보겠습니다. 행여 여러분의 일터에 비슷한 어려움을 겪고 있는 이들이 있는지 둘러보시고, 타인의 도움이나 전문적인 개입이 필요하지 않은지 고려해 보시기 바랍니다.

1. 정신질환이란 무엇인가

정미 씨는 석 달 전 현재의 ○○백화점으로 옮겨왔습니다. 워낙 손님을 대하는 것을 좋아하던 정미 씨지만, 이전과는 다르게 무덤덤하고 흥이 나지 않습니다. 억지로 웃는다고 생각하니 쉽게 피로해지고, 쉬는 날에 친구들이 연락하면 귀찮다는 생각마저 듭니다. 좋아하던 TV 프로그램을 보아도 '머리로는' 우습다는 것을 알지만 웃음이 나오지 않습니다. 언젠가부터 집에서는 잠만 잡니다. 직장에서도 전에 보기 힘들었던 자잘한 실수를 하기 시작했습니다. 요즘에는 잠자리에 들 때마다 '내일 아침 해가 뜨지 않았으면'하고 바랍니다. 급기야 오늘 아침 정미 씨는 늦잠을 자 지각하고 말았습니다. 정미 씨의 언니는 혹시 정미 씨가 우울증이 아닌지 걱정합니다.

경수 씨는 같은 부서의 동료가 갑자기 이직하는 바람에 두 달 전부터 두 사람 몫의 일을 혼자 처리하고 있습니다. 이 때문에 밤 11시가 넘어 집에 돌아오는 일이 잦고 쉬는 날에도 회사에 나가곤 합니다. 어제 오후, 평소처럼 일하던 중 갑자기 가슴이 답답했지만 대수롭지 않게 넘겼습니다. 잠시 후,

이번에는 숨이 쉬어지지 않는 것 같았습니다. 점점 가슴이 두근거리면서 맥박이 빨라지는 게 느껴졌습니다. 차츰 얼굴과 손이 저릿저릿하면서 손발이 차가워졌습니다. '이러다 정말 죽을지도 모르겠구나.' 안절부절못하던 경수 씨는 119를 불러 근처 종합병원 응급실로 향했습니다. 병원에 도착해 안정제 주사를 맞고 나니 증상은 곧 가라앉았습니다. '공황장애' 같으니 정신과 진료를 보라는 말을 들었습니다. 경수 씨는 또다시 비슷한 경험을 할까 봐 겁이 나 집에서 멀리 떨어진 곳으로 외출하는 것을 꺼리게 되었습니다.

첫 번째 사례에서 정미 씨는 과거 즐겨했던 일들에 흥미를 잃어버리는데, 이는 각 활동에 국한해 일시적으로 느끼는 감정이 아니라 전반적인 기분의 변화가 있다는 점을 시사합니다. 또한 에너지 수준이 낮아져 쉽게 피로해지고 귀찮아하게 되었음을 알 수 있고, 수면 시간의 변화도 확인할 수 있습니다. 평상시의 기분과 에너지 및 수면에 생긴 부정적인 변화입니다. 두 번째 사례에서 경수 씨는 장시간 노동이 이어진 뒤로 갑작스러운 감각의 이상과 함께 극도의 불안과 공포를 느낍니다. 그리고 이 같은 경험이 재연될까 두려워하는 일명 '예기 불안'도 경험하게 되었습니다. 부적절한 신체 반응과 함께 부정적인 감정을 지속해서 겪게 된 것입니다.

정신질환의 정의를 내리기에 앞서 '정신적으로 건강하다'는 말의 의미를 먼저 살펴봐야 합니다. 그런데 이 문제는 결코 간단하지 않습니다. 우선 전체 인구집단에서 평균 이상에 해당하면 '건강한' 것으로 간주하자는 주장이 있을 수 있습니다. 이에 따르면 인구집단의 일정한 비율은 반드시 '정신적으로 건강하지 못한' 것이 됩니다. 이와 유사하게 특정한 건강 관련 척도에서 하위 몇 %에 속하면 '건강하지 못한 사람'으로 간주하자는 주장도 있는데, 이 또한 흔한 사고방식입니다. 예컨대, 물론 사회성숙도Social Maturity(개인이 사회적으로 적응행동을 하는 정도)를 고려해야 하지만, 가장 공신력 있는 지능검사 결과인 웩슬러 지능지수IQ 얼마 이하하면 지적장애라는 식입니다.

그러나 이런 관점은 현재에 이르러 점점 힘을 얻지 못하고 있습니다. 정신적 건강에는 여러 측면이 존재하기 때문에 양적으로, 또는 숫자상으로 단순 비교할 수 없기 때문입니다. 더구나 인간 정신활동의 다양한 모습을 '비정상'으로 낙인찍을 위험도 존재합니다. 누군가를 사회에서 차별하고 배제하는 결과를 낳을 수도 있습니다.

세계보건기구WHO에 따르면, 정신건강의 정의는 다음과 같습니다. "개인이 자신의 고유한 능력을 자각하여 정상적인 일상의 스트레스를 처리할 수 있으며 생산적으로 일할 수 있고, 자신이 속한 지역사회에 공헌할 수 있는 상태."[20] 즉, 정신건강은 단순히 정신질환이 없는 상태를 의미하지 않습니다. 생각하고, 감정을 느끼고, 타인과 상호작용하면서 생활을 꾸리며, 삶을 즐기는 능력의 밑바탕입니다. 이는 건강한 개인과 사회를 위해 중요하지만, 신체적 건강에 비해 상대적으로 귀중함이 간과된 측면이 있습니다. 예컨대 중앙정신건강복지사업지원단에 따르면, 2021년 현재 우리나라 보건복지부 총예산의 단지 2.7%만이 정신보건사업에 할애되고 있습니다.

그렇다면 '정신질환'은 어떤 상태를 가리키는 것일

까요? 이 역시 정의내리기 쉬운 개념은 아닙니다. 물론 개인의 정신활동 상태가 평소의 모습에서 벗어났다고 해서, 최상의 컨디션이 아니라고 해서 정신질환이라고 하지는 않습니다. 친구에게 닥친 불행을 알고 우울해져 일이 손에 잡히지 않을 수도 있고, 부모님의 수술이 잘 될지 불안해하며 잠을 이루지 못할 수도 있지만, 이를 정신질환이라고 부르지는 않는다는 말입니다. 정신질환 자체를 정의내릴 수 없고, 단지 '어떤 때' 정신질환이라고 부르는지 말할 수 있을 뿐이라는 학자도 있습니다.[21]

그럼에도 정신과 의사라면 '상당 기간 지속되는 인지적·정서적·지각적·행동적·기타 심리적으로 역기능적인(바람직하지 않은) 변화로서, 일상생활을 꾸려 나가는 데 해가 되는 상태'를 정신질환이라고 부르는 데에 대체로 동의할 것입니다. 여기서 '인지적'이라 함은 생각의 내용적 측면에 담긴 인식의 틀을 일컫습니다. 예컨대 우울장애 환자는 반대되는 근거가 있는데도 불구하고 자신과 세상과 미래를 부정적이고 비관적으로 바라봅니다. 덧붙여 '지각적'이라는 의미는 보고(시각), 듣고(청각), 맛보고(미각), 만지고 (촉각), 냄새 맡는(후각) 기능으로써 인식한다는 뜻입 니다.

비록 현재까지 그 정의를 명확하게 구분해 사용하 지는 않으나, '질환'과 '질병'의 의미는 어느 정도 다 릅니다. 일각에서는 우리 몸의 구조적 · 기능적 변화 가 의학적으로 정의될 수 있는 상태를 '질병'으로, 개 인적 · 사회심리적 차원의 개념으로서 환자의 개인적 인 질병 경험을 '질환'으로 각각 정의합니다.[22] 이 구 분에 따르면 사람들이 각각 겪는 '질환'이 의사의 의 학적 진단을 거쳐 '질병'이 됩니다. 의학적인 질병이 없이도 개개인은 신체적, 정신적 증상을 경험할 수 있습니다.

이에 비해 의학한림원의 의학용어 토론회 결과 보 고서에 따르면, 실제 현실에서는 '질병'이나 '질환' 모 두 신체적 기능상 부정적인 변화가 온 상태를 객관적 으로 의미하는 용어입니다.[23] 이 중에서 '질환'은 여 러 개의 질병 또는 특정한 계통의 질병군을 일컫는 경우가 상대적으로 많다고 합니다. 또 '질환'은 '질병'

보다 좀 더 넓은 의미로 개념이 확실치 않을 때 사용되는 경향이 있습니다. 정신질환은 현재까지 그 원인과 기전이 불명확한 경우가 많아서 앞으로 어느 한 가지가 여러 질병으로 쪼개질 가능성도 있고, 몇 가지가 하나로 합쳐질 가능성도 있습니다.

이렇게 볼 때 어느 이유에서나 '정신질환'이 더 옳은 표현일 것이나, 관련법상 공식 명칭은 '정신질병'입니다. 즉, 일이 상당한 정도의 원인이 되어 정신질환이 발생하거나, 악화가 되면 이는 공식적으로 '업무상 정신질병'이라고 합니다.

그렇다면 어떤 사람을 '정신질환자'라고 할까요? 대중적으로는 정신건강의학과에서 진료하는 질환을 앓는다면 증상을 불문하고 이들을 폭넓게 이르고 있습니다. 하지만 정신건강복지법상에서는 그러한 질환들로 인해 일상생활에 중대한 제약이 있는 사람으로만 한정합니다.[24]

그리 놀랍지 않은 사실이지만, 한국에서 정신질환이 있는 사람은 그리 드물지 않습니다. 2018년도 국가 정신건강 현황에 따르면, 경증 질환을 포함한 한국의 정신질환 '평생 유병률', 즉 일생에 단 한번이라도 정신질환을 앓은 사람의 비율은 국민 네 명 가운데 한 명 꼴인 25.4%에 달하는 것으로 나타났습니다. 알코올 사용장애 12.2%, 불안장애 9.3%, 니코틴 사용장애 6.0%, 기분장애 5.3%(주요우울장애 5.0%), 조현병 스펙트럼 장애(구舊 '정신분열병') 0.5%순으로 나타났으며, 성별에 따라서는 남성은 흔히 '알코올 중독'이라 불리는 알코올 사용장애, 여성은 불안장애가 가장 높게 나타났습니다.[25]

그리고 잘 알려진 사실대로 한국의 자살 사망률은 매우 높습니다. 한국의 2020년 사망원인 통계에 따르면 고의적 자해(자살) 사망자는 13,195명(인구 10만 명당 25.7명)이었습니다.[26] 이는 OECD국가 중 최고 수준입니다.[27] 물론 노인 자살률이 압도적으로 높은 것이 큰 요인으로 지목되나, 15~64세 취업자의 비율도 전체 자살자의 약 30%에 이르고, 특히 직업별로는 서비스 및 판매종사자와 단순노무자의 비중이 높았습니다.[28] 더 자세한 얘기는 3장에서 다루도록 하겠습니다.

한편 한국에서의 정신질환 및 정신질환자에 대한 인식은 좋다고 볼 수는 없습니다. 2018년 국립정신건강센터의 자료에 따르면, 설문조사 결과 '한 번이라도 정신질환에 걸리면 평생 문제가 된다'는 답변이 26.6%, '정신질환이 있는 사람들은 사회에 기여하기 어렵다'는 답변이 24.6%에 달했습니다. 반면 '정신과 치료 경험이 있는 사람과 같이 일할 수 있다'는 답변은 절반가량에 지나지 않았으며, '정신질환자 이용시설이 동네에 들어와도 받아들일 수 있다'는 답변은 고작 3분의 1이었습니다.

이 같은 편견은 정신질환 조기 치료를 어렵게 합니다. 단적인 예가 정신증 미치료 기간Duration of Untreated Psychosis, DUP인데, 여기서 정신증이란 이치에 닿지 않는 비합리적이고 공고한 믿음인 망상이나 실제 자극이 없이도 감각을 느끼는 환각과 같이 현실 검증력에 이상이 생긴 증상을 의미합니다. 한국의 DUP는 무려 56주에 달해 WHO에서 권장하는 12주 이내와 상당한 격차가 있습니다.[29] DUP가 길다는 것은 그만큼 치료가 늦어진다는 뜻입니다. 조기 발견, 조기 치료

가 조기 회복으로 이어지기 때문에 치료가 늦어지면
치료 결과도 좋지 않을뿐더러 사회적인 부담도 커질
수밖에 없습니다.

2. 정신질환은 어떻게 생기나

정신질환은 어떻게 생기는 것일까요? 가장 단순한 답은 '유전과 환경이 서로 작용해서'입니다. 먼저 '유전'을 살펴보겠습니다. 앞선 이야기의 경수 씨 어머니는 공황장애로 수년간 약물을 복용한 적이 있습니다. 이런 경우 '가족력이 있다'라고 합니다. 그렇다면 유전은 가족력과 같은 말일까요? 그렇지 않습니다. 왜냐하면 가족은 오랜 기간 동안 같은 환경을 공유하며 살아왔기 때문에 동일한 환경적 요인의 영향을 배제할 수 없기 때문입니다. 그렇다면 만일 가족력에서 환경적인 측면을 제외한 '유전적인 측면'이 있다면, 반드시 같은 질병을 얻게 될까요? 이 역시 아닙니다. 왜냐하면 해당 질병 자체가 유전되는 것이 아니라 그러한 질병을 얻기 쉬운 감수성(민감한 정도) 또는 성향들이 유전되는 것이며, 이는 환경적인 영향에 따라 나타날 수도, 잠재되어 있을 수도 있기 때문입니다. 다시 말해 '유전이 곧 운명'은 아닙니다.

이제 '환경'에 대해 알아보겠습니다. 환경에는 여러

종류가 있습니다. 먼저 태내 환경을 들 수 있습니다. 어머니의 배 안에서 자라던 태아는 어머니를 둘러싼 감염병의 원인균, 소음과 오염된 공기, 기타 여러 스트레스 요인에 노출됩니다. 즉, '타고난' 모든 것이 곧 유전인 것도 아닌 셈입니다. 다음은 어린 시절 노출된 여러 환경입니다. 이는 어린 시절 경험한 자연환경이나 물리적인 환경만을 뜻하지 않습니다. 영양공급, 질병 경험, 가계와 이웃의 경제적 상태, 돌보는 사람과의 애착 관계, 가정사 등이 포함됩니다. 정신건강의학과나 심리 상담센터에서는 해당 부분에 주로 초점을 맞추는 경향이 있습니다. 현재의 '나'에게 영향을 주는 환경에는 자연환경이나 도시의 건물과 시설, 자동차 소음과 같은 물리적 환경 또는 일상에서 접하거나 직장에서 취급하는 화학 물질들과의 상호 작용도 포함됩니다. 또한 눈에 보이지 않는 사람 간의 관계나 분위기도 역시 '환경'이 될 수 있습니다. 예를 들어 직장 내 공정하지 못한 처우나 차별, 조직 내 특유의 문화나 분위기, 역할의 모호함이나 지역 간 갈등 역시 중요하게 고려해야 할 '직장 내 환경'입니다. 끝으로 직장을 둘러싼 사회의 문화나 경제 상황 그리고 법과 제도 및 변화 양상 역시 개인에게 작용하는 환경이라 할 수 있습니다. 이를테면 경제위기로 각 회사가 구조조정을 시행한 결과 노동자들의 고용이 불안정해졌다면 이것도 정신건강에 영향을 줄 수 있는 중요한 환경적 요인입니다. 이러한 환경적 요인들은 정신건강 상태나 정신질환뿐만 아니라 고혈압, 당뇨, 암과 같은 신체적 질환에도 마찬가지의 영향을 줍니다. 이러한 신체적 질환들은 정신건강 문제의 선행 요인이 되기도 합니다.

3. 정신질환과 정신질환 치료 이해하기

'몸의 병'과 달리 '마음의 병'에 나타나는 몇 가지 특성이 있습니다.

첫째, 정신질환의 원인은 신체적 질병에 비해 복합적이며 질병이 되기까지의 과정도 더 복잡합니다. 따라서 주요한 '원인'을 지목하기가 상대적으로 어려운 경향이 있습니다. 그 이유는 정신질환 증상이 나타나는 범위가 비단 개인의 생존 기능에 국한되지 않으며 세포와 장기 단위의 변화에만 머물지 않기 때문입니다. 정신질환으로 인한 수많은 증상의 영향은 우리가 다른 사람들과 관계 맺고 생계를 유지하며, 사회적으로 의미 있는 활동을 하는 것에서 드러납니다. 반대로 애초에 우리를 둘러싼 사회적 관계들과 조건들은 우리의 정신적인 활동에 영향을 주어 증상을 만들어내는 데 일조하기도 하는 등 질환의 양상에도 영향을 줍니다. 다시 말해 정신질환의 증상의 발생과 내용, 그 여파는 사회의 영향을 받고 그 증상은 다시 사회에 영향을 줍니다.

둘째, 신체적 질병에 비해 '현상학적' 진단 방법을 더 많이 사용합니다. 이것의 의미는 다음과 같습니다. 예컨대 우리는 동네 의원에서 증상을 밝히고 감기약을 받아옵니다. 여기서 바이러스를 검출하거나 면역 반응의 변화를 확인한 것이 아닙니다. 이처럼 환자 본인이 자각하는 증상이나 밖으로 나타나는 '징후'들을 보고 어떤 병인지 판단하는 방법입니다. 따라서 신체적 질병에서와 달리, 검사 결과를 통해 분명히 확인할 수 있는 측면이 적습니다.

그렇기 때문에 정신질환을 진단할 때 환자의 자기 보고에 상당 부분 의존하게 되는 한계가 있습니다. 극단적으로는 환자가 꾀병일 경우에도 이를 쉽게 가려내기 힘들 수 있습니다. 물론 질환의 특성 때문만은 아니지만, 일터에서 정신질환을 얻은 노동자들을 의심의 눈으로 바라보는 시선이 어느 정도 존재하는 것이 사실이며, 이 때문에 당사자들은 2차적인 고통을 겪기도 합니다.

셋째, 앞에서 든 이유들 때문에 정신질환은 상대적으로 '불확실성'을 포함합니다. 먼저 진단에서의 불확실성을 들 수 있습니다. 의사 개인의 주관적 판단이 작용하는 측면이 크기 때문에 같은 환자를 두고 의사들 간의 진단이 일치하지 않는 경우가 있습니다. 여기에는 사회문화적인 편견도 작용할 수 있습니다. 다소 극단적인 예시일 수도 있으나 오랜 수련과 각고의 노력에도 불구하고, 최신 유행을 모르는 나이 든 남자 의사가 젊은 여자 환자의 외양을 보고 의도를 오해할 여지는 여전히 존재합니다.

마지막으로 질병이 어떻게 진행될지 가늠하기 어렵습니다. 따라서 질병의 경과에 따라 질병 초기의 진단과 후기의 진단이 달라지기도 합니다. 예를 들어 처음에 똑같이 우울장애 진단을 받은 환자들이라 할지라도 누군가는 몇 주 뒤에 양극성 장애(조울병)로 진단명이 바뀌기도 하고, 어떤 이는 수개월이 흘러 치매로 판명될 수도 있습니다. 또 다른 사람은 몇 년 후 조현병의 특성(망상, 환각, 사고장애)과 정동장애의 특성(우울증, 조증)을 함께 가진 조현정동장애를 거쳐 조현병으로 진단받기도 합니다.

1) 정신질환과 정신질환 치료에 관한 오해들

o 정신질환은 개인의 취약성 때문이다?

비슷한 말로 다음과 같은 것이 있습니다. '나약하기 때문에 정신질환을 얻었다', '직장에서의 일이 아니었어도 병에 걸렸을 것이다'. 그러나 원인을 파악하기 어려운 정신적인 병이라고 하여 직업환경적인 요인들을 무시하고 개인에게 모든 탓을 돌리는 것은 부당합니다. 설령 타고난 유전적 성향이나 가정환경 문제 등 개인적인 취약성이 있다 해도 주변에서 어떻게 배려하느냐에 따라 예방하거나 관리하면서 삶을 잘 꾸려나갈 수 있습니다. '몸이 약한 사람'이 다른 사람보다 감기에 더 쉽게 걸린다는 이유로 비난받아선 안 되듯이, '몸이 약한 사람'이 일하다 다치거나 병을 얻었을 때 이를 그의 개인적인 문제로 취급해서도 안 됩니다. 이는 '마음이 약한 사람'의 경우에도 마찬가지입니다.

o 정신질환의 원인을 명확하게 알 수 있다?

정신질환을 일으킨 여러 요인 중 어느 것이 원인인

지 특정하기는 쉽지 않으며 원인을 알 수 없는 경우도 많습니다. 예컨대 어떤 사람이 회사를 옮긴 뒤 우울증에 걸렸다고 할 때 이것이 기분장애 가족력 때문인지, 주당 60시간이 넘는 근무시간 때문인지, 가계 빚 때문인지, 연인과 헤어졌기 때문인지 아니면 이 모두가 복합적으로 작용한 결과인지 단언하기 어렵습니다. 물론 신체의 질환도 한 가지 원인에서 비롯되었다고 보기 어려운 경우가 대부분이며, 여러 요인이 어떻게 복합적으로 작용했는지 알기 어려울 수 있습니다. 원인균이 분명한 감염병조차도 그러한 감염이 하필 '그 사람'에게 일어난 여러 상황—과로, 밀집된 근무환경, 위생습관—이 존재합니다. 또한 이럴 때 어떤 상황이 '결정적'이었는지 확신하기 어려울 때도 많습니다. 다시 강조하지만 정신질환의 경우에도 마찬가지입니다.

○ 진단 기준은 불변의 원칙이다?

의사간 진단 결과가 일치하지 않는 원인에는 서로 다른 진단 기준을 사용하는 경우가 포함될 수 있습니다. 예컨대 임상의가 새로 바뀐 진단 기준에 익숙하지 않아 예전의 진단 기준을 사용하는 경우입니다. 현재 진단 기준 편람은 몇 차례의 개정을 거친 것으로, 앞으로도 한 질병이 여러 개의 다른 것으로 나뉠 수 있고 다른 것으로 생각했던 두 질병이 하나로 합쳐질 수 있습니다. 그렇다고 현재 진단 기준이 아무렇게나 만들어진 것은 아닙니다. 앞으로 유전학적, 역학적 연구 결과들이 쌓이면 이 역시 진단 기준을 만드는 데 반영될 것입니다. 이렇게 진단 체계는 계속 변화하고 발전합니다.

○ 한 번 정신질환에 걸리면 인간답게 살기 어렵다?

그렇지 않습니다. 정신질환이 있더라도 충분히 의미 있는 삶을 지향할 수 있습니다. 특히 치료를 받으면 상당한 도움이 됩니다. 대부분의 정신질환은 약물·비약물적 치료와 관리로 증상을 없애거나 완화하거나 관리할 수 있습니다. 우울증은 적절한 약물과 상담치료를 병행할 경우 대부분 회복 가능하며, 입원이 필요한 중증 우울장애라도 반 이상이 1년 안에 회복됩니다. 조현병도 3분의 2 정도는 약물을 복용하며 충분히 일상생활이 가능합니다. 최근에는 치료의 패러다임도 바뀌고 있습니다. 이제는 약물로 증상을 없애는 것만을 목표로 하지 않습니다. 지금까지의 임상 의학적 관례에서처럼 증상 제거에 집중하다 보면 '지금 당장' 삶을 풍요롭게 할 기회를 간과할 수 있기 때문입니다. 당사자의 모든 증상이 사라지면 저절로 인간다운 삶이 되는 것이 아닙니다. 설령 증상이 남아 있고 사회적으로 적응이 어려운 중증 정신질환자라도 독립적이고 자율적으로 살 수 있도록 도우려 하는데 이를 '회복 모형'이라고 합니다. 즉, 증상이 남아 있는 사람들도 주변의 여건과 배려에 따라 얼마든지 가치 있다고 생각하는 삶의 지향을 추구할 수 있습니다.

앞에서도 언급했듯이 어떤 사람에게 정신질환이 있다고 쉽게 단정하는 것은 위험합니다. 그러나 그가 일상생활을 꾸리기에 큰 지장이 있고, 나아가 건강과 안전을 해칠 수 있는 상황이라면 진단과 정신의학적인 도움(치료)을 받는 선택지를 외면해서는 안 됩니다. 정신의학적 진단은 체계적인 치료계획을 수립하고 치료 성공률을 올리기 위한 이정표 역할을 합니다. 누군가에게 정신질환이라는 딱지를 붙이고 낙인을 찍으려는 것이 아니며, 또 아니어야만 합니다.

다음은 정신질환 치료에 대한 흔한 오해를 살펴보도록 하겠습니다. 이러한 오해 때문에 적지 않은 사람이 치료를 거부하거나 미루고, 검증되지 않은 요법(굿이나 안수기도 등)에 매달립니다.

○ **치료를 받으면 취업이나 민간보험 가입 등에서 불이익이 따른다?**

치료를 받아도 취업에 불이익이 따르지 않습니다. 법적으로 정신질환자는 '일상생활에 중대한 제약이 있는' 경우에 한합니다. 경증 정신질환이 있지만, 일상생활을 충분히 해내는 사람은 '정신질환자'가 아닙니다. 설령 법적인 '정신질환자'라도 정신질환자의 취업을 공식적으로 제한하는 직종은 일부에 한합니다. 심지어 그러한 경우에도 정신건강의학과 전문의의 소견이 뒷받침된다면 고용에 절대 차별할 수 없습니다. 이와 관련한 오해 중 하나가 정신질환을 앓고 있거나 치료받은 사실을 직장에서 알 것이라는 생각입니다. 하지만 이는 사실이 아닙니다. 우리가 과거에 골절로 수술했는지를 회사에서 알 수 없는 것과 마찬가지입니다. 일부의 오해와는 달리 정신과 의무기록도 본인 외에는 아무도 열람할 수 없습니다.

다음으로는 민간보험 가입의 경우입니다. 이미 보험에 가입한 이후엔 정신질환으로 치료를 받더라도 보험 자격과 아무 상관이 없습니다. 물론 보험 약관에 따라 해당 치료비가 지원되지 않을 수 있으나, 다른 서비스 이용엔 지장이 없습니다. 또한 과거에 정신과적 치료를 받았더라도 담당의 소견이 확인되면 새로 가입도 가능합니다. 덧붙이자면, 정신질환 외에도 다수의 질환이 보험 가입에 제약을 받습니다. 민간보험은 의료비를 많이 사용할 수 있는 인구 집단의 가입을 제한하는 경향이 있습니다. 왜냐하면 사회보험과는 다르게 영리를 추구하기 때문입니다. 그러나 만에 하나 민간보험 가입에 불이익이 있더라도 치료를 늦추는 것은 단기적으로나 장기적으로나 현명한 선택이 아닙니다.

○ 치료 약물이 중독과 뇌 손상을 유발한다?

가장 흔하고도 해로운 오해 중 하나입니다. 먼저 대부분의 정신 약물은 중독addiction을 유발하지 않습니다. 물론 수면제나 신경안정제 중 어떤 계통을 사용하는 환자들 중 일부가 이에 대한 의존을 보일 수 있습니다. 그러나 담당의와의 충분한 소통과 올바른 복약으로 충분히 예방 또는 극복이 가능합니다. 약물로 뇌에 손상이 생긴다는 오해 역시 결론적으로 사실이 아닙니다. 대개의 경우 이러한 오해는 문제의 원인과 결과를 뒤바꾸어 생각하기 때문입니다. 뇌 손상이 있거나 치매 등의 인지 장애가 있는 사람들이 정신 약물을 복용한다는 사실을 생각해 보면 이해하기 쉽습니다.

물론 너무 높은 용량을 부적절하게 사용하면 일상생활에 여러 가지로 방해가 될 수 있습니다. 이 경우도 담당의와 적극적으로 소통한다면 부작용을 최소화할 수 있습니다. 그러나 어떤 약물들은 자해나 자살 목적으로 과량 복용했을 경우 뇌를 비롯한 주요 장기에 후유증을 남길 수 있습니다.

○ 치료비가 매우 비싸다?

정신분석과 같은 일부 정신 치료의 경우 건강보험의 혜택을 받지 못하고 고가의 치료비를 지불하는 경우가 있습니다. 그러나 이는 정신의학적 치료의 전부가 아니며 누구에게나 필요한 치료인 것도 아닙니다. 일반적인 진료를 위한 면담이나 지지적 정신치료, 인지행동치료 기법은 건강보험을 적용받습니다. 또 최근 국민건강보험공단이 면담에 대해 의료 수가를 상향 조정했기 때문에 의사도 면담을 하는 것이 손해가 아닙니다. 본인의 증상이나 경제적 상황에 따라 저렴하게 치료받을 수 있는 선택지가 많이 있습니다. 필요시 담당의와 솔직하게 터놓고 의논하십시오.

2) 좋은 치료 기관의 요건과 환자의 권리

정신건강의학과 진료는 다른 신체질환보다 '은밀

하게' 이루어지는 경향이 있습니다. 왜냐하면 환자의 프라이버시를 지키는 일에 더욱 민감해야 하기 때문입니다. 더구나 의사가 환자의 비밀스러운 부분을 알게 되기 때문에 환자는 의사에게 정서적으로 의존하기 쉽습니다. 그리고 의사의 신념이나 가치관, (특히 비약물치료의 경우) 선호하는 학파에 따라 정신질환에 대한 접근이 다를 수 있습니다. 이러한 이유들 때문에 어떤 의료기관의 서비스가 질적으로 더 나은지 직접적인 비교가 어려운 측면이 있습니다. 그러므로 비록 공식적인 환자 권리장전과 같은 것은 아니지만, 여기에서는 필자가 경험상 느낀 좋은 치료 기관은 어떤 곳이어야 하는지, 지켜져야 할 환자 당사자의 권리는 어떤 것들인지 살펴보도록 하겠습니다.

① 치료받는 당사자의 권리를 존중하는 기관

의사는 상대적으로 환자보다 우위에 있게 됩니다. 특히 취약한 상태에 있는 중증 정신질환자(심각한 증상이 지속되는 일부 조현병 환자 등)의 경우 사회에서뿐만 아니라 의료기관에서도 당사자 권리 침해가 종종 발생합니다. 신체질환도 마찬가지이지만, 의사가 잘못된 권위의식을 갖고 자신만이 옳다고 고집한다면 환자 회복까지의 거리는 멀어집니다. 의사는 환자의 회복이라는 공동의 목표를 위한 조력자여야 합니다.

② 기본적인 프라이버시를 지켜주는 기관

환자는 안전함을 느끼며 삶의 내밀한 측면과 그 고충을 털어놓을 수 있어야 합니다. 물론 환자의 비밀 유지는 대부분의 의료기관에서 반드시 지키고 있습니다. 만일 진료실 안에서의 상담 내용이 밖으로 들릴 수 있는 환경이거나 환자의 동의 없이 가족에게 면담 내용을 알린다면 환자를 존중하는 처사로 볼 수 없습니다.

③ 불필요한 검사나 치료를 권하지 않는 기관

의사와 환자 사이에는 이른바 '정보의 비대칭'이 존재합니다. 다시 말해 질환과 치료에 관한 정보 격차가 압도적으로 큽니다. 그래서 의사가 권하는 검사나 치료를 환자가 무작정 '동의'하게 되는 경우가 적지 않습니다. 명확한 검사 방법이 상대적으로 적은 정신과 진료에서조차 일부 의료기관에서 필요 이상으로 많은 척도를 작성하게 한다든지 효과가 검증되지 않은 주사를 권하는 일이 있습니다.

④ 진단, 처방, 치료, 진단서 발급에서 원칙을 충실히 지키는 기관

좋은 의료기관은 환자가 원하는 대로 해주는 곳이 아닙니다. 만일 환자가 원한다는 이유로 향정신성 약물(신경안정제, 수면제 등) 처방을 남발하거나, 충분히 환자의 상태를 파악하기도 전에 요구에 따라 진단서를 발급한다면 바람직한 진료 행태로 볼 수 없습니다. 환자를 진정으로 위할 자세가 되어 있는 기관은 원칙을 지키는 곳입니다. 물론 환자 당사자가 이를 미리 알 수는 없습니다. 따라서 환자는 어떠한 검사나 치료를 하는 이유, 안 하는 이유에 관해 설명을 요구하고, 의사는 합리적인 근거로 당사자를 설득해야 합니다.

다음으로 정신질환으로 치료를 받는 당사자의 권리를 살펴보겠습니다.

① 경청·공감을 받을 권리

환자는 '증상들'이 아닙니다. 치료자의 의무는 증상에 대해 묻고 약물 등 '해결책'을 제시하는 것만이 아닙니다. 환자를 한 인격으로 대우하는 것은 경청하고 공감하는 데서 출발합니다.

② 비밀 유지를 보장받을 권리

가족을 비롯해 어떤 보호자라도 환자 당사자를 대신할 수 없습니다. 의사가 필요하다고 생각하는 경우에도 가족에게 어디까지 알릴 것인지 사전에 환자와 합의해야 합니다. 최종 결정 권한은 환자에게 있습니다.

③ 직업, 나이, 경제 수준, 장애, 성적 지향, 성 정체성 등으로 차별받지 않을 권리

환자에게 장애가 있다는 이유로 보호자에게만 질문한다거나 성소수자임을 드러냈을 때 이전과는 다

른 부정적인 태도를 보이는 경우 위의 권리가 존중받
지 못한 예시라고 할 수 있습니다.

④ 치료에 대한 목표 설정, 계획 수립, 과정이나 결과 평가에서 협력적 동반자가 될 권리

신체질환에 비해 객관적인 지표가 적은 정신질환
은 당사자의 주관적 경험이 차지하는 비중이 큽니다.
환자는 자신의 질병 경험에서 의사만큼이나 전문가
라고 할 수 있습니다.

⑤ 필요한 도움을 받을 권리

예를 들어 어느 공황장애 환자에게 약물 외의 대처
방법이 필요하다면 이를 제공해야 합니다. 의사가 직
접 시행하지 못할 때는 임상심리사 등의 인력을 이용
하거나 가능한 기관에 연계할 수 있어야 합니다.

⑥ 다른 기관으로 옮길 권리

다른 기관으로 옮기는 것은 환자의 권리이므로 필
요시 당당하게 밝히고 진료의뢰서와 의무기록지 사

본을 요구하는 것이 좋습니다. 그래야 새 담당 의사가 이전의 시행착오를 되풀이하지 않고 새로운 접근을 시도할 수 있습니다. 많은 환자가 죄책감을 비롯한 불편한 감정 때문에 아무 말 없이 기관을 옮기는데, 기존의 담당의에게 떠남을 밝히는 것이 치료 면에서 도움이 될 수 있습니다.

4. '업무상 정신질병'으로 언급되는 주요 질환들

업무상 정신질병, 즉 일이 원인이 되어 생긴 질병으로 흔히 상정되고 판정받는 질환들을 소개하겠습니다. 이에 앞서 다음의 사항들을 전제해야 합니다. 첫째, 정신질환(병)이 없다는 것이 정신적으로 건강하다는 뜻은 결코 아닙니다. 업무상 정신질병으로 판정되지 않는 상태라도 업무나 일터 환경과 관련된 정신건강 문제가 있을 수 있습니다. 둘째, 다음에 소개된 질환들만 '업무상 정신질병'으로 승인되는 것은 아닙니다. 승인율이 낮은 일부 질환은 여기서 다루지 않았지만, 업무 관련성이 분명하다면 이들도 승인될 가능성이 있습니다. 셋째, 정신과 의사를 비롯한 다양한 전문가로 구성된 업무상질병판정위원회(질판위) 위원들 간에 질병의 원인에 대한 인식과 정의가 다를 수 있다는 점도 알아두시기 바랍니다. 질병을 발생시키는 환경 요인에 대한 관점의 차이로 의견이 일치하지 않을 수 있습니다.

여기서 업무상 정신질병의 진단 기준은 제시하지

않습니다. 그 이유는 다음과 같습니다. 먼저 오용 가능성입니다. 정식으로 진단을 내리기도 전에 자기 자신에게나 타인에게 자칫 자의적인 라벨링(낙인찍기, 딱지 붙이기)을 방지할 필요가 있습니다. 다음으로 진단에 대한 오해를 부를 수 있기 때문입니다. 진단 기준은 진단을 내리는 하나의 지침일 뿐입니다. 전적으로 여기에 의존해 기계적으로 진단하는 것이 아닙니다. 예컨대 진단 기준에 따르면 여러 질병에 부합하는 환자도 있을 수 있는데 이때 의사가 받은 인상, 과거의 진료 경험에서 얻은 단서, 질환의 경과에 따른 양상을 보고 가장 유력한 것으로 진단합니다. 간혹 진단 기준이 절대적이라 생각하는 환자와 담당의 사이에 오해가 발생할 수 있다는 점도 유념해야 합니다.

○ 우울장애

정훈 씨는 두 달 전 승진해 업무 내용의 변화를 겪었고 업무량도 늘었습니다. 최근 점차 말수가 줄고 점심 식사도 하는 둥 마는 둥 하는 모습을 보였습니다. 전날 잠을 자지 못한 사람처럼 피곤해했으며, 일에 집중하지 못하고 할 일을 자주 잊기도 했습니다. 담배도 늘었고, 종종 친한 친구들에게 "사는 게 재미가 없다, 살고 싶지 않다"라는 말도 하게 되었습니다.

우울증으로 진단하려면 우울한 기분이나 전반적인 흥미 저하 중 하나가 반드시 나타나야 합니다. 그리고 수면, 식욕, 성욕에서의 변화, 너무 오래 자거나 잠을 못 자는 현상이 자주 관찰됩니다. 사람에 따라 무기력하거나 생각과 동작이 느려지기도 하고, 안절부절못하기도 합니다. 쉽게 피로해지고 일상이나 업무에서 효율성이 떨어집니다. 자살을 상상하거나 죽음에 대한 생각에 집착하는 경우도 드물지 않습니다.

이런 모습이 대체로 2주 이상 보일 경우 진단합니다. 절반가량의 환자들은 본격적인 우울장애 진단을 받기 전에 몇 가지 증상을 나타냅니다. 치료받지 않는 경우 6개월 이상 지속될 수 있습니다. 조기 발견해 치료해야 결과가 좋습니다. 환자의 절반은 40세 이전에 처음 진단받으나, 일생 언제든지 가족력이 없거나 뚜렷한 스트레스 요인이 없어도 걸릴 수 있는 질환입니다. 특히 재발성 우울장애의 경우 외부적인 요인 없이 발생할 수 있어 업무상 정신질병 승인 여부를 놓고 위원들 간에 이견을 보일 수 있습니다.[30]

업무와 우울 증상과의 연관성은 여러 연구를 통해 상당 부분 밝혀져 있습니다. 예를 들어 근무시간이 길어질수록 우울증에 걸릴 가능성이 높아지며,[31] 야간근무 역시 우울증 발생에 기여합니다.[32] 또한 감정노동을 많이 할수록 우울 증상을 보일 가능성이 높아집니다.[33] 그 외에도 고용 불안정이나 직장 내 괴롭힘, 낮은 보상 등도 우울 증상과 연관되는 업무 요인입니다.[34]

○ 불안장애

언제부터인가 슬기 씨는 지하 창고에서의 작업이 두렵습니다. 창고 문을 닫으면 가슴이 답답해지고 식은땀이 나며 심장이 두근거려 열어놓게 됩니다. 최근 작업 중 심하게 안절부절못하는 증상이 나타나 정신과에서 약물을 처방받아 복용하기 시작했습니다. 그런데도 지하 창고로 들어가는 상상만 하면 마치 죽을 것만 같고 가슴이 떨려옵니다.

불안장애에 속하는 질환에는 공황장애, 범불안장애, 광장공포증, 기타 특정 공포증(예: 고소공포, 폐소공포), 그 외 상세불명의 불안장애 등이 있습니다. 여기서 공황장애는 갑작스러운 교감신경 항진 증상이 나타나는 공황발작과 그것에 대한 예기불안을 특징으로 하며, 범불안장애는 통상 사회에서 기대하는 것보다 매사 과도하게 걱정하고 불안해하여 일상에 지장을 주는 것을 특징으로 하는 정신질환입니다. 덧붙여 광장공포증은 공황발작 등이 일어났을 때 타인의 도움을 받기 어렵거나 탈출하기 어렵다고 생각되는 장소를 두려워하여 회피하는 정신질환입니다.

불안은 자연스러운 감정이지만, 불안을 느끼는 원인이 비합리적이거나 일상에 상당한 지장을 초래한다면 정상적인 불안을 넘은 '병'이라 할 수 있습니다. 예를 들어 원치 않는 결과가 발생할 가능성이 극도로 낮거나 그런 결과가 발생하지 않는다는 합리적인 근거가 있는데도 납득하지 않는 경우를 들 수 있습니다. 또는 최선을 다해 자신이 할 수 있는 대비를 하고도 안절부절못하거나 다른 일에 집중하지 못하는 일이 반복된다면 치료가 필요할 수 있습니다.

불안의 증상은 다양합니다. 가슴 두근거림, 빠른 맥박이나 호흡, 숨 참, 식은땀, 떨림, 사지의 저린 느낌, 위장관 장애(체함, 설사나 변비), 열감, 한기, 어지러움이나 두통, 잦은 요의 등을 들 수 있습니다. 치료하지 않을 경우 악화와 호전을 반복할 가능성이 높으나, 약물 외에도 증상을 유도하는 왜곡된 생각을 스스로 교정하도록 돕는 인지행동치료 등의 정신 치료 psychotherapy(면담치료)에 반응이 좋은 경우가 많습니다.

그렇다면 불안장애는 업무와 어떤 관련이 있을까요? 물론 불안장애에 가족력이 있는 경우가 드물지 않습니다. 그러나 업무 시간이 길거나 업무 내용이 급격히 변하는 경우, 교대근무를 하는 경우 등에서 불안 증상이 유발하거나 악화할 수 있다는 연구 결과가 분명히 존재합니다. 또한 낮은 교육 수준의 저임금 직종 역시 위험 요인 중 하나입니다.[35] 그러나 공황장애나 공포증 등의 특정한 불안장애가 업무와 관련성이 있는지는 연구가 부족한 실정입니다. 다시 말해 현재까지 우리가 알고 있는 의학적 지식에는 분명히 한계가 있습니다. 따라서 특정 질환이 환경적 요인과 관련이 없다고 섣불리 단언해서는 안 됩니다.

○ 적응장애

새로 부임한 과장이 불쾌한 성적 농담을 여러 번 하자, 은경 씨는 사내 고충센터에 상담을 요청했습니다. 얼마 지나지 않아 은경 씨는 원하지 않았던 업무를 맡게 되었고 이에 대한 어떠한 합당한 이유도 듣지 못했습니다. 더구나 일부 직원은 은경 씨의 인사도 받아주지 않는 등 거리를 두는 것이 보였습니다. 분노가 치민 은경 씨는 잠을 이루지 못하는 날이 많아졌고, 차츰 감정 기복이 심해져 가족들과의 다툼이 잦아졌을 뿐만 아니라 주변의 소음이나 말소리에도 예전에 비해 민감하게 반응했습니다.

적응장애는 그 정의상 비교적 명확한 스트레스 요인(사건이나 상황)이 존재합니다. 그리고 그러한 요인이나 사건과 관련해 매우 다양한 증상이 생길 수 있습니다. 어떤 사람에겐 우울 증상이, 어떤 사람에겐 불안 증상이 나타날 수 있으며 감정 기복이 심해지고 공격적인 언행을 보이기도 합니다. 불면, 과음, 자살 사고나 행동, 법적인 문제, 난폭 운전 등도 드물지 않게 보이는 증상입니다. 이러한 증상들이 우울장애 등 다른 정신질환의 진단 기준에 부합하지 않을 때 주로 적응장애를 생각해 볼 수 있습니다.

그러나 스트레스 요인이 된 사건이 발생한 뒤에 언제나 증상이 나타나는 것은 아니며, 스트레스 요인이 사라진다고 해서 곧바로 좋아지는 것도 아닙니다. 수개월 더 증상이 유지되는 경우도 있을 수 있습니다. 반면 스트레스 요인이 완전히 사라지지 않은 경우, 증상이 만성화되는 경우도 충분히 가능합니다.

적응장애를 일으킬 수 있는 업무 관련 요인은 매우 다양합니다. 여기에는 업무상의 변화, 직장 내 괴롭힘(성희롱, 따돌림, 폭언 등)이나 차별 대우, 대인관계 문제, 업무상 과실이나 징계, 고용 불안, 해고, 법정 다툼 등이 포함될 수 있습니다.

○ 외상 후 스트레스 장애와 급성 스트레스 반응

현철 씨는 냉동 창고에서 일하던 도중 연기 냄새를 맡고 건물 밖으로 뛰쳐나갔고, 이후 건물은 전소되었습니다. 이날 이후 현철 씨는 일상생활 중 갑자기 동료들의 아우성과 비명소리를 듣는가 하면, 밤마다 불길 속에 갇히는 악몽을 꾸곤 했습니다. 이전에 비해 예민해져 걸핏하면 가까운 사람들에게 부적절한 화를 내기도 했습니다. 다시 일하려 했으나 가슴이 아프고 호흡이 가빠져 창고에서 뛰쳐나오기를 몇 차례 반복했습니다. 점차 술을 마시지 않으면 잠을 이룰 수 없게 되었습니다.

외상 후 스트레스 장애는 생명이나 안전에 위협이 되는 사건에 반드시 직간접적으로 노출된 일이 있어야 진단합니다. 그 외에 생활 속 스트레스 요인에 따른 정신의학적 증상들은 앞서 설명한 적응장애입니다. 외상 후 스트레스 장애Post-traumatic Stress Disorder, PTSD의 진단 기준을 충족하려면 예를 들어 건물의 붕괴나 화재, 화산 폭발이나 지진 등 천재지변, 전투 참여, 강도나 강간 등의 사건이 선행되어야 합니다. 대체로 이러한 사건을 직접 겪었거나 희생자를 목격한 경우 발생합니다. 또한 이러한 사건으로 가까운 사람이 희생되거나 직업상 반복적으로 사건에 관해 듣는 경우에도 발생할 수 있습니다.

이러한 사건에 노출된 사람들의 일부는 일상생활 속에서 갑자기 사건을 떠올리거나 악몽을 반복해 꾸면서 강렬한 감정적 반응(불안, 분노, 슬픔 등)을 보입니다. 어떤 사람들은 감각과 감정이 마비된 듯 둔해지기도 하고, 더러는 예민하고 기복이 심해지기도 합니다. 또한 사고가 났던 장소 근처에 가거나 사건과 비슷한 상황에 놓이면 증상이 심해지고 결국 이를 회피하는 경우가 많습니다. 이를테면 지하철이나 버스를 타지 않으려 하거나 가해자와 비슷한 인상착의의 사람이 지나가는 것을 보고 외출을 포기하는 경우 등입니다.

사건 이후 한 달 안에 발생하는 증상을 '급성 스트레스 반응'이라고 지칭하며, 이는 외상 후 스트레스 장애로 이어질 수도 그렇지 않을 수도 있습니다. 사건 1개월 이후에도 진행되는 경우 외상 후 스트레스

장애라고 하며, 3개월 이상일 때는 만성화되었다고 표현합니다. 이를 예방하기 위해 적극적으로 조기 개입해 치료하고 일상으로 돌아가도록 해야 합니다. 피해 당사자의 성격이나 음주 여부, 사회적인 지지 체계의 특성 그리고 2차적 이득(보상 등)의 존재 여부에 따라 증상의 변화가 생길 수 있습니다.

어떤 업무건 생명이나 안전에 위협이 되는 사건에 직간접적으로 노출된다면 발생할 수 있습니다. 특히 그러한 사건 사고에의 노출이 잦은 직종이 고위험군입니다. 예를 들어 경찰관, 소방관, 구조대원, 간호사, 역무원 등에서 주로 찾아볼 수 있습니다.

○ 수면장애

민정 씨는 3교대로 근무하는 간호사입니다. 나이트(밤번) 근무가 끝나고 집에 돌아오면 두꺼운 커튼을 치고 안대를 해도 잠이 오지 않아 뒤척거리다 2~3시간가량 겨우 눈을 붙입니다. 아침에 출근하는 데이(낮번) 근무로 바뀌어도 마찬가지입니다. 초저녁에 잠깐 졸렸다가 한밤중에 깨면 새벽 4시경까지 정신이 맑아져 뜬눈으로 밤을 지새웁니다. 항상 바뀌는 근무 시간표에 수면 패턴이 적응되지 않아 자주 피곤하고 언제부터인가 일에도 지장이 있다고 느낍니다. 병원에서 수면제를 처방받아 간신히 조금 더 자게 되었습니다.

수면장애는 수면의 유도, 유지에 변화가 있거나 수면 질이 저하되어 일상생활에 지장을 주는 상태를 의미합니다. 흔히 잠을 못 이루거나 자다가 일찍 깨는 불면증을 떠올리지만, 잠이 너무 많이 오는 과수면 증상이나 주간 졸림, 수면 일주기 리듬의 교란, 수면 중 이상행동 등이 모두 수면장애에 속합니다. 일시적인 수면 문제는 누구나 겪을 수 있지만, 수면의 유도와 유지 및 각성의 문제가 최소 3개월 이상 지속되었을 때 비로소 질환이라고 부를 수 있게 됩니다.

그러나 순수한 일차성 수면장애는 생각보다 적습니다. "잠이 오지 않는다"라며 진료를 보러 온 환자들은 우울, 불안 등을 포함한 정신질환이 있거나 신체적 문제(통증 등) 또는 복용하는 약물 때문에 수면을 방해받는 경우가 대부분입니다. 따라서 수면장애를 유발할 만한 정신적, 신체적 질환이 있다면 업무상질병판정위원회는 보통 그러한 상위 질환의 업무 관련성을 판단하게 됩니다. 설령 일차성 수면장애라 하더라도 심각하지 않다면 의학적 도움을 받아 쉽게 증상을 조절하기도 하고, 일상에 심한 지장이 있어도 산재를 신청하기보다 이직하는 사례가 많습니다.

가장 흔한 업무 관련 요인은 규칙적인 수면과 기상을 할 수 없는 교대 근무(간호사, 경비원 등)입니다. 또한 항공기 승무원이나 관광 가이드처럼 수면 일주기의 변화를 자주 겪는 경우도 해당됩니다. 그리고 야간까지 근무가 이어지는 장시간 노동에 의해서도 불면증이나 수면 일주기의 교란, 이로 인한 주간 졸림 등을 겪을 수 있습니다.

○ 자해행위 · 자살

명지 씨는 최근 들어 버스 운전을 하는 아버지를 걱정했습니다. 서너 달 전부터 아버지는 식사를 잘 하지 않았고 종종 혼자 술을 마시다 눈물을 글썽이곤 했습니다. 잔걱정도 많아져 가족 중 누가 보이지 않으면 전전긍긍하며 상대방이 받을 때까지 계속 전화를 걸었습니다. 며칠 전부터는 새벽에 일찍 깨어 거실에서 서성이는 모습을 보였습니다. 지난 주말 접촉 사고를 낸 아버지는 걱정 끝에 "죽고 싶다"라고 말했습니다. 아침에 집에서 나간 아버지가 연락이 두절되자 명지 씨는 경찰에 신고했고, 결국 근처 야산에서 아버지의 시신이 발견되었습니다.

원칙상 자살은 고의적 자해의 일부로 보아 산재 보상의 대상 범위에 넣지 않지만, 업무상 사유에 의한 정신적인 이상 상태에서 실행했을 것으로 인정되는 경우는 예외로 합니다.[36] 문제는 '정신적인 이상 상태'의 의미가 모호하다는 것이며 이 때문에 논란이 생길 수 있습니다. 비록 망상이나 환각, 섬망 등으로 현실 검증력이 크게 손상된 정도가 아니더라도, 정신질환으로 인한 경직되고 왜곡된 현실 인식 경향이 있다면 그러한 상태에 포함된다는 전문가들의 합의가 이루어지고 있습니다.

정신질환은 자살의 매우 중요한 위험 요인입니다. 자살 성공자의 최대 95%에게 정신질환이 있었으며 이는 우울증(80%), 조현병(10%), 치매나 섬망(5%) 등입니다. 그 외에 알코올 의존이 약 25%까지 차지한다는 보고도 있습니다. 요컨대 정신과 환자는 그렇지 않은 경우보다 3~12배가량 자살 위험도가 높아집니다.

그렇다면 업무상질병판정위원회는 자살 사건을 어떻게 다루고 있을까요? 다행히도 최근에는 당사자가 자살률이 높은 정신질환을 겪고 있었을 가능성이 높다고 추정되는 경우, 의무기록 등 의학적인 근거가 없더라도 '고의적 자해(자살)는 아니다'라는 의견이 대다수입니다. 그러나 아직은 유가족이 자살의 업무 관련성을 인정받기 위해 '정신적 이상 상태에서의 자살일 것'과 '정신적 이상 상태가 업무와 관련될 것' 두 가지를 모두 입증해야 하는 책임을 지고 있습니다. 이 문제에 대한 비판은 타당하며 전문가와 활동가들이 관련한 논의를 진행하고 있습니다. 다행히도 최근에는 '정신적 이상 상태'라는 것이 사망 전 의학적으로 정신질환이 입증되는 상태여야 한다는 뜻은 더 이상 아니게 되었고 이는 큰 진전이라 할 수 있습니다. 업무 관련 자살을 둘러싼 논의와 관점의 차이는 3장에서 다루겠습니다.

5. 독이 되는 일, 득이 되는 일

　이 장에서는 정신질환이 무엇이고 어떻게 발생하는지 알아보았으며, 그 특성상 진단이나 원인 규명, 경과 예측이 신체질환보다 불확실하다는 점도 확인했습니다. 그리고 흔히 업무상질병판정위원회에 상정되는 '업무상 정신질병'에 주로 어떤 것들이 있는지 살펴보았습니다. 일터 환경의 여러 측면은 정신질환 발생에 상당한 기여를 하는 원인으로 작용할 수 있습니다. 그러나 현재까지 각 정신질환과 일터 환경의 연관성이 온전히 밝혀지지 않았기 때문에 과학적 지식의 한계를 인정해야 합니다. 그 때문에 현재 한국의 산업재해보상 체계에서는 질병과의 '상당인과관계'가 반드시 의학적, 과학적으로 명백하게 입증되어야 하는 것은 아니라고 하고 있습니다.

　일이 항상 정신건강에 나쁜 영향만을 끼치지는 않습니다. 오히려 시간을 짜임새 있게 쓰고, 규칙적으로 활동하고, 사회적 접촉을 유지하고, 사회적 정체성을 형성하며 공동의 가치를 위해 함께 노력할 수 있도록 해줍니다. 그 결과 중증 정신질환자라도 자존감과 사회적 기능을 높이고 적응을 돕는다면 사회적으로 중요한 역할을 할 수 있습니다. 이를테면 이탈리아의 사회적 협동조합은 정신장애인을 포함한 취약계층을 의무 고용해 정신장애인의 성공적인 탈원화와 지역사회 정착을 이루고 있습니다.[37] 그리고 이와 관련한 수많은 연구 결과[38/39]가 존재합니다.

따라서 우리의 목표는 일터에서 얻은 정신질환에 대한 치료와 보상을 넘어 정신질환을 일으킬 수 있는 업무 및 조직 관련 요인들을 예방하고, 더 나아가 정신건강에 득이 되는 일터 환경을 조성하는 것이라 하겠습니다.

3장

자살의 이유는
알 수 없다지만

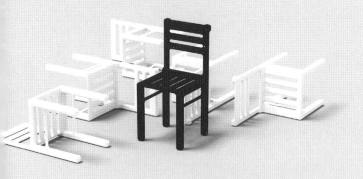

앞에서 직무 스트레스나 이로 인한 정신질환을 다뤘기 때문에 여기서는 노동자 자살의 실제 위험 요인을 살펴보는 대신 노동자의 자살을 바라보는 우리 사회의 관점을 이야기하겠습니다. 그러기 위해 자살 관련 통계를 중심으로 이야기를 진행하려 합니다. 우선 일제 강점기부터 지금까지의 자살 원인 분류 자료를 통해 자살 원인에 대한 사회의 관점이 어떻게 변화했는지 살펴봅니다. 다음으로는 현재의 경찰청 통계와 산재보험 통계를 바탕으로 노동자의 자살 배경을 추정해 봅니다. 현재의 자살 원인 분류 중 특히 '정신적·정신과적 문제'가 과대 추정될 가능성과 노동자의 자살이 포착되기 어려운 점, 따라서 일과 관련해 자살한 사람의 수가 훨씬 과소 추정되고 있을 가능성을 제기합니다. 이에 대한 실마리로 다른 통계에서는 크게 드러나지 않던 업무 관련 스트레스가 자살 사망자 유족을 대상으로 시행했던 중앙심리부검센터 심리부검 면담에서는 높은 비율로 나타난 결과를 참조합니다. 이로써 본질적으로 알기 어려운 자살의 원인에 조금이라도 다가가려면 우리 사회가 생각하는 '자살의 이유'에 관한 새로운 범주와 문제 제기가 필요하고, 무엇보다 그 사람이 했던 일과의 관련성을 주의 깊게 보아야 한다는 점을 말하고자 합니다.

1. 그 사회의 '문제' 자살: 자살에 이름 붙이기

우리는 '죽은 사람은 말이 없다'는 말을 많이 합니다. 인간의 행위에는 이유가 있을 텐데 스스로 생을 마감한 이유를 말해줄 사람은 이미 세상에 없습니다. 그러나 이러한 근본적인 특성에도 불구하고 인류 역사에서 자살은 특정한 의미와 해석을 부여받았습니다. 서구의 역사에선 정치적·종교적 순교 행위, 명예로운 죽음으로 받아들여진 적도 있었고, 신이 하사한 목숨을 함부로 해하는 신성 모독이거나 생사여탈권을 가진 군주에 맞서 스스로 목숨을 끊음으로써 권력에 도전하는 범죄로 여겨지기도 했습니다.[40] 우리 기록에서도 『삼국사기』부터 조선시대 문헌에 이르기까지 항거 혹은 명예를 위해 스스로 죽음을 택하는 이야기를 여럿 찾을 수 있습니다. 반란에 실패한 장군, 곤경에 처한 양반, 그리고 우리에게 '처녀귀신'이란 이름으로 익숙한, 그 시대의 젠더 폭력에 희생당했던 여성들의 죽음까지.[41] 어느 시대에나 스스로 목숨을 끊는 사람들이 있었고 산 사람들은 그들이 세상을 등진 이유에 설명을 붙여왔습니다.

이 이유들에 어떤 추세와 특징이 있는지는 자살의 원인과 수단을 범주화해 기록하고 관리하는 자살 통계 도입 이후의 시기부터 살펴볼 수 있습니다. 일제 강점기부터 지금까지의 자살 통계를 분석한 연구에서는 자살에 관한 통계의 등장에 주목해야 하는 이유로 자살이 개인의 원한이나 비극의 문제만이 아니라 근대적 삶의 변화와 관련된 규칙적인 인구 현상이자 '사회문제'로 인식되기 시작한 점을 듭니다.[42]

그렇다면 자살 통계에 드러나는 자살 동기들은 무엇을 말해 줄까요? 일제강점기 시절에는 '정신착란', '생활 곤란 또는 박명을 탄식', '병의 고통', '가정 또는 친족과의 불화'가 네 가지 주요 자살의 원인으로 드러나고, 특히 '정신착란'은 25% 내외에 해당할 만큼 자살의 높은 원인으로 지목되었습니다.[42] 이 '정신착란'은 해방 이후 1970~80년대까지 신문 기사에도 매우 자주 등장하는 자살의 동기입니다.[43]

그러다 광복 직후 1953년부터 《경찰통계연보》에서 자살 통계를 발표하기 시작했는데, 이것이 지금의 경찰청 자살 통계입니다. 경찰청 통계에서 분류하는 자살 원인의 범주는 1953년에서 1959년까지는 '염세', '실연', '기타'의 단 세 가지였고, 1964년부터는 '정신이상', '병고', '염세', '빈곤', '비관', '낙망', '치정', '실연', '가정불화', '사업 실패', '부정의'의 11개 항목이 되었습니다. 그리고 이 항목은 2007년까지 44년 동안 사용되었습니다. 이후 2009년에 현재 확인 가능한 10개의 분류 항목으로 변경됐는데, 이는 WHO가 손상 원인을 분류하기 위해 만든 국제손상외인분류International Classification of External Causes of Injuries, ICECI의 자살 위험 요인 항목과 일본의 자살 이유 분류체계를 참조해 개편한 것입니다.[42/44]

그렇다면 44년 동안 변하지 않았다는 범주에서 자살의 원인으로 가장 많이 언급된 것은 무엇이었을까요? 1964~2008년까지는 '비관' 자살이 가장 많았고, 특히 IMF 경제위기 이후에는 그 수가 급격히 증가했습니다. 1965년에는 비관 항목이 전체 자살자의 21.2%로 가장 높았으며, 1995년에는 전체 자살자의 무려 40.9%가 비관 자살로 분류되기도 했습니다. 전체 자살자 중에서 '정신 이상'으로 분류되었던 비율은 1960~70년대에는 3% 내외였다가 이후 점차 증가해 2008년에는 9.1%에 이릅니다. 해방 이후부터 2008년까지 자살 통계에서 흥미로운 것은 일제강점기 시절 '정신착란'이 25% 내외였던 데 비해 '정신 이상'이 3% 내외로 줄고 '비관' 자살자의 수가 매우 많아졌다는 점입니다.[42]

그러다 2009년 10개의 동기(가정문제, 경제생활문제, 남녀문제, 사별문제, 육체적 질병 문제, 정신적·정신과적 문제, 직장 또는 업무상의 문제, 학대 또는 폭력문제, 기타, 미상)로 재편된 이후, 지금까지 30% 내외로 가장 많은 자살자가 분류되고 있는 항목은 '정신적·정신과적 문제'입니다. 자살 동기 분류체계 개선안에 대한 연구에 따르면 '정신적·정신과적 문제'는 알코올 중독 및 약물의존, 산후 우울증, 기타 우울증, 기타의 하위분류로 이루어져 있습니다.[45] 2016년에는 이로 인한 자살이 무려 36.2%나 됩니다. 즉, 한국에서 통계를 작성한 이후 가장 많은 자살의 원인은 정신착란(해방 이전) → 비관(해방 이후~2008년) → 정신적·정신과적 문제(2009년 이후)로 변화해 왔습니다.

흥미롭게도 '정신적·정신과적 문제'가 주요한 자살 원인으로 집계되기 시작한 2009년은 한국의 자살예방정책에서 중요한 해입니다. 정부는 OECD 최고 자살률이라는 오명을 벗기 위해 2004년 자살예방대책 기본계획 수립을 시작으로 5년 단위의 자살 예방 기본계획을 수립했습니다. 1차 자살예방 기본계획(2004~2008년)이 정책의 기본계획을 수립하는 단계였다면, 2008년 12월 발표한 2차 자살예방 종합대책(2009~2013년)은 자살률을 낮추기 위한 행보를 본격화하며 법적·제도적 인프라를 확충하는 시기입니다.[46/47/48]

그림1은 보건복지부가 2005년 발표한 자살예방 5개년 종합대책에 실린 자살에 영향을 주는 요인입니다. 이 대책에선 "현대 의학이나 경제적 여건상 변화시키기 힘든 생물심리학적 요인이나 사회경제적 요인보다 자살에 이르는 길목에 있으면서 조기 발견을 통한 치료가 가능한 우울증을 주요 사업 대상으로 하는 것이 자살예방에 효율적"이라고 했습니다. 이 시기는

그림1. 보건복지부 1차 자살예방 5개년 종합대책(2005)의 자살 영향 요인 모델[52]

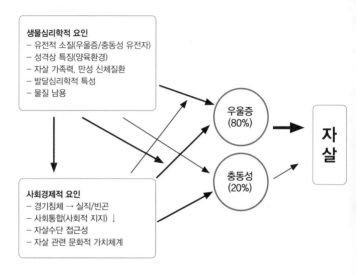

"우울증, 속앓이 말고 '병원 문' 두드리세요" 같은 제목의 기사가 쏟아지기 시작한 때이기도 합니다. "적절한 치료를 받으면 10명 가운데 7명은 상태가 좋아지고 5명은 완치가 되는데, 정작 당사자들은 자신의 병을 쉬쉬하고 있다"라는 것입니다.[49] 특히 우울증은 2009년 2차 종합대책부터 자살예방정책의 주요 표

적이 됩니다. 2차 대책의 10대 과제 중 첫 번째 항목인 "자살에 대한 국민 인식 개선" 중점 추진 목표에는 "우울증이 치료 가능한 질환임을 인식하는 국민의 비율을 2007년도 대비 30% 이상 향상"시킨다는 항목이 있습니다.[50] "현재 의학적 치료를 요하는 심각한 우울장애를 앓고 있는 사람이 200만 명을 상회할 것으로 추정"되나 "적극적으로 의학적 치료를 받고 있는 환자는 이들의 10% 수준에 불과"하여 "이것이 자살률 증가, 의료비 상승, 삶의 질 저하 등과 같은 사회경제적 지표로 반영되고 있다"는 것입니다.[51] 이러한 연구들이 나오던 시기는 「자살예방 및 생명존중문화 조성을 위한 법률」 제정(2011), 정신과에서 정신건강의학과로 명칭 개정(2011), 중앙자살예방센터 신설(2012) 및 국가 건강검진에서 전 국민 대상 '생애주기별 정신건강검진'이 포함된 시기(2013)이기도 합니다. 아래에서 살펴볼 심리부검 면담 자료를 생산하는 중앙심리부검센터도 2014년에 설치되었습니다.

이처럼 정부는 자살률을 줄이기 위해 자살예방법을 제정하고 자살예방정책도 폅니다. 과학적 분석으로 자살을 일으키는 '위험 요인'을 찾아내고 이를 '예방'하려는 것입니다. 이 과정에서 우울증을 포함한 정신질환은 중요한 국가적 정책 문제로 인식되기 시작했습니다. 과학적 분석을 단순화하는 위험을 무릅쓰고 간단히 정리하자면, 정신의학이나 심리학은 자살이 주로 물질로 인한 착란 상태나 우울증, 약물 의존과 같은 정신질환에 의해 발생한다고 보는 경향이 있습니다. 또한 충동적인 성향이나 완벽주의 같은 성격적 특성, 자살의 가족력 특히 어린 시절 불행한 사건 등 개인적 요인이 미치는 영향을 강조하는 편입니다. 사회학적 설명은 상대적으로 위의 두 학문에 비해 계층이나 소득·젠더·사회적 관계 등 사회적이고 환경적 요인의 영향력을 주로 보려 하지만, 자살을 개인적 병리로 보느냐 사회적 병리로 보느냐만 다를 뿐 자살을 하나의 질병처럼 여겨 그 원인과 패턴을 파악해 개입과 치료, 예방의 대상으로 보는 관점은 공유하고 있습니다.

오늘날 우리는 자살을 명예로운 죽음으로 추앙하지도 않고 범죄로 바라보며 금지하지도 않습니다. '자살' 하면 떠오르는 것은 이제 너무나 익숙해진 'OECD 국가 자살률 1위' 타이틀이나 우울증으로 대표되는 '정신적·정신과적 문제'입니다. 이렇게 우리 사회가 자살에 '이름'을 붙이고 분류 항목을 더하고 빼며 고쳐온 것은 이를 조금이나마 예측해 보려는, 나아가 통제 가능한 것으로 만들고자 하는 시도로 볼 수도 있습니다. 어쩌면 자살에 붙은 여러 이름은 살아있는 사람들의 해석에 따라 당시 사회의 관점을 반영한 것은 아닐까요? 식민지 관료가 피식민지인에게 붙였던 '정신착란', 미래에 대한 희망이 없던 IMF 경제위기 때의 '비관', "변화시키기 힘든 생물심리학적 요인이나 사회경제적 요인보다 개입이 효율적인 우울증" 같은 것들 말입니다.

역사적으로 자살의 의미가 바뀌어온 와중에서도 분명한 건 자살이 그 사회의 '문제'를 보여준다는 점입니다. 자살은 누군가가 더 이상 살고 싶지 않은 사회, 그래서 스스로 생을 마감하면서까지 벗어나고 싶은 한 사회의 치부를 드러내 보이는 것 같습니다. 그래선지 이를 죄로 규정해 금지하든 질병으로 보아 치료하려 하든 사회는 자살을 꺼림칙하게 여기고 이를 막으려 합니다.

또 하나 어느 시대를 막론하고 분명한 사실은 자살이 당사자의 불행임은 물론 그를 둘러싼 사람들에게도 영향을 끼친다는 점입니다. 자살 유족의 우울장애 발병 위험은 일반인의 약 18배, 자살을 진지하게 생각해 본 경험 역시 일반인에 비해 6배 이상 높은 것으로 확인되었습니다.[53] 우리 사회는 자살 유족이라는 명칭을 넘어 자살에서 살아남은 '자살생존자suicide survivor'라는 개념을 씁니다. 자살생존자는 주변 사람의 자살로 영향을 받는 가족, 친구, 지인뿐만 아니라 직장 동료, 서비스를 제공했던 전문가, 나아가 고인과 직접적인 관계가 없었더라도 자살에 영향받는 사람들을 포괄하는 방향으로 확대되어 왔습니다.[54] 중앙심리부검센터에 따르면 한 사람의 자살이 발생했을 때 심각한 영향을 받는 사람이 최소 5~10명이고, 이를 2018년 자살자로 추산해 보면 한 해 최소 7만~14만 명의 자살 생존자가 발생한다고 합니다.[54] 누군가가 목숨을 끊음으로써 문제를 드러낸 그 사회,

특히나 다른 사회보다 스스로 생을 마감하는 사람이 훨씬 많은 사회 속에 살고 있는 우리는 넓은 의미에서 자살생존자라 할 것입니다.

2. 그 일터의 '문제' 자살: 끝내 이기지 못하고 극단적인 선택을 했다

지속해서 입주민의 괴롭힘과 폭언에 시달리던 경비 노동자, 과로와 직장 내 괴롭힘을 호소하던 간호사, 수년간 노조파괴 목적의 탄압을 당해오던 노동자, 성폭력을 당한 후 조직적인 2차 가해에 노출되었던 여성 군인…. 스스로 생을 마감한 이들의 소식은 계속 들려오고 그때마다 그의 일터를 떠올립니다. 그가 했던 일의 특성과 그가 몸담았던 물리적·정신적 환경, 같이 일했던 사람들과의 관계 등 일을 빼놓고 그 사람의 죽음을 이야기하기 어렵기 때문입니다.

한국의 연평균 노동시간은 2017년 기준 2,024시간으로, OECD 국가 중 멕시코 다음으로 높습니다. 한국의 노동자는 OECD 평균보다 35일 더 일하는 셈이며,55 '과로사かろうし'라는 신조어를 만들어낸 일본보다도 314시간 더 일합니다. 또한 2015년 기준 주 평균 48시간 이상 근로하는 노동자의 비율이 주요 선진국에서 10% 전후인데 반해 한국은 약 30%에 달합니

다.[56] 노동시간이 길다는 것은 그저 일하는 양이 많다는 것만을 의미하지 않습니다. 노동시간이 길수록 사고로 사망할 위험이 높으며, 특히 주당 노동시간이 35~44시간인 집단에 비해 이보다 노동시간이 긴 집단은 향후 자살로 사망할 위험이 3배 이상 높은 것으로 나타났습니다.[57] 이뿐만 아니라 저녁 6시부터 10시까지 최소 2시간 이상 일하는 날이 많을수록, 직장에서의 언어폭력·신체적 폭력이나 위협·굴욕적 행동, 왕따·괴롭힘을 더 많이 경험합니다.[58] 이러한 직장 내 괴롭힘은 노동자들이 자주 자살을 생각하는 것과 관련이 있습니다.[59]

하지만 그렇다고 일을 거부하기는 쉽지 않습니다. 우선 일하지 않으면 살 수 없습니다. 또한 일은 생계를 꾸리게 할 뿐만 아니라 사회에 참여하거나 다른 이로부터의 존중과 인정을 받게 하기도 하고, 내가 가진 정체성의 상당 부분을 구성합니다. 다른 한편 과도한 업무, 경제적 착취, 경멸과 굴욕, 적대감이 만연한 환경에서 일하며 고통받기도 합니다. 『왜 우리는 행복을 일에서 찾고, 일을 하며 병들어갈까』라는 책의 제목처럼60 일은 결국 삶을 이어나갈 원동력이 되기도 하지만, 그렇기 때문에 삶을 중단하게 하는 영향력을 발휘할 수 있습니다. 높은 자살률의 한국 사회에서 그 사람들이 했던 일을 특히 주의 깊게 들여다봐야 하는 이유가 여기에 있습니다.

앞서 한국 사회에서 자살에 어떠한 의미가 부여되어 왔는지 살펴보았는데, 그렇다면 노동자의 자살을 바라보는 시각은 지난 30년 동안 어떻게 변해왔는지 간략히 살펴보겠습니다. 산업재해 추방 및 조직적인 노동자 건강 운동의 시발점은 1987년 6월 항쟁 후 9월까지 이어진 노동자 대투쟁과 1988년 '소년 문송면의 죽음'61 및 '원진레이온 사건'으로 상기됩니다.62/63 "아빠가 병에 몇 번 시달리다 병 때문에 죽기 때문에 떳떳하다. 아빠가 원진레이온에 다니다가 병이 났다"64라는 유서를 남기고 자살한 원진레이온 노동자의 죽음과 관련한 보도에 따르면 그는 이황화탄소 중독으로 직업병을 얻었고, 그 중독에 의해 조현병이나 심한 우울증 같은 정신질환 증세를 보이며 자살에 이르게 되었다고 합니다.

1999년 대우국민차 창원공장에서 일하다 허리를 다쳐 산재 승인 후 요양 중이던 노동자는 제대로 걷지도 못할 정도로 건강이 좋지 않았는데도 근로복지공단으로부터 치료 중단 통보를 받고 스스로 목숨을 끊었습니다. 이러한 사망 뒤에는 예산 절감을 명분으로 "산재보험급여 거품 제거"를 하겠다는 근로복지공단의 정책이 있었습니다.[65]

이처럼 90년대엔 산재 요양 중 자살 사건 혹은 직업병으로 인정받지 못한 노동자들의 자살이 주로 이야기됩니다. "나는 산업전사 근로자에 속해야 하나 장해 6등급밖에 받지 못해 후유증과 병원비로 재산을 탕진했다"는 한 노동자의 유서처럼[66] 국가의 경제 발전을 이뤄낸 "산업전사"였던 노동자의 자살은 '험한 일'을 하다 발생한 직업병과 그로 인해 극도로 나빠진 건강, 혹은 제대로 된 치료를 제공하지 않아 일상으로의 복귀를 불가능하게 만든 제도의 야만 때문에 발생한 노동자의 '비관'으로 해석되었습니다. 게다가 원진레이온 노동자는 유서에서 자신의 죽음에 직업병의 영향이 아닌 성격이나 처지를 비관한 충동적 선택이라는 낙인이 덧씌워질 것, 그로 인해 회사의 책임이 사라질 것을 이미 예상하며 자신의 '떳떳함'을 주장하고 있습니다. 이로부터 30년이 지났지만 우리 사회가 노동자 자살을 보는 관점은 그의 예상보다 멀리 나아간 것 같지 않습니다.

업무 과정 혹은 일터 자체가 야기하는 스트레스로 인한 자살이 본격적으로 산재의 영역에 들어온 것은 2000년대 초반부터입니다. 이 시기 노동안전보건운동은 "노동자 대다수가 심각하게 겪고 있는 스트레스, 불안, 좌절 등 정신적 불건강도 엄연한 직업병"이며 "신자유주의 구조조정이 신체의 건강뿐 아니라 정신의 건강 역시 갉아먹고 있"[67]다고 노동자의 정신질환을 문제 삼았습니다. IMF 경제위기 이후 강화된 노동강도와 구조조정의 영향이 노동자의 신체는 물론 정신에도 영향을 끼친다는 점을 지적하면서 이제는 "정신질환도 엄연한 산재"로 봐야 한다는 주장을 시작한 것입니다. 이전에도 정신질환 산재를 개별 신청한 사례는 있었으나 2003년과 2004년에 있었던 정신질환 산재에 대한 '집단요양투쟁'은 크게 다치거나 아프게 된 선행 '산재' 없이도 업무 과정 혹은 일터 자체가 정신질환을 유발하며, 이에 노동자의 정신질환'도' 산재임을 사회에 고발하는 역할을 했습니다.[68] 산재보험제도가 생긴 이래 노조 탄압으로 인한 정신질환에 대해 집단으로 산재 신청을 제기한 첫 사례는 2003년 청구성심병원 노동자들의 집단요양투쟁으로 알려져 있습니다.[69] 2004년에는 도시철도 기관사들이 당시에는 생소한 병명이었던 공황장애와 외상 후 스트레스 장애로 집단산재신청 투쟁을 시작했습니다.[70] 당시 근로복지공단이 도시철도 기관사의 산재 여부를 따질 때 둔 기준은 사상사고 경험이었던 것으로 알려져 있습니다.[71] 즉, 사람이 철로에 뛰어드는 사건을 겪지 않았다면 산업재해로 인정하지 않겠다는 것입니다. 이는 산업재해의 원인을 노동환경이 아닌 끔찍한 사건으로 보는 입장이었습니다.

이에 맞선 노동자들의 투쟁은 정신질환과 자살의 원인을 구조조정 후 1인 승무로 인한 노동강도 강화, 폭력적인 인사노무관리 등 일상적으로 노출된 근무환경에서 찾을 수 있게 해주었습니다. 그 뒤로도 하이텍알씨디코리아, 이랜드 일반노조, 코스콤 비정규 지부, KTX-새마을호 승무지부 등 여러 사업장 노동자의 정신건강 문제가 수면 위로 떠올랐으며, '적응장애', '우울증', '외상 후 스트레스 장애'와 같은 진단명은 문제를 제기하고 싸우는 사람들의 현실을 고발하는 언어로 자리 잡았습니다.

2010년대에도 정리해고와 노동조합 탄압의 참상을 증언하는 노동자들의 자살이 이어졌습니다. 2009년 쌍용차 구조조정은 노동자와 그의 가족에까지 막대한 영향을 끼쳤습니다. 정리해고 이후 자살 등으로 사망한 노동자와 그들의 가족은 2018년 기준 30명에 이릅니다.[72] 2011년에 발표된 쌍용차 구조조정 노동자 정신건강 실태조사 보고서는 당시 기준 지난 1년간 쌍용차 노동자의 자살률이 일반 인구와 비교해 3.74배, 극심한 스트레스가 영향을 주었을 것으로 보이는 심근경색 사망률은 18.3배 높은 것으로 나타났다고 말합니다. 특히 해고 노동자의 90% 이상이 구조조정 이후 가족관계, 동료관계, 국가와 회사에 대한 신뢰 모두 악화되었음을 보여주었습니다. 또한 답변자 가운데 78.5%는 자녀의 성격까지 악화되었다고 응답해 정리해고에 의한 스트레스가 당사자와 그를 둘러싼 사회적 관계 전반에 미치는 영향의 심각성을 드러냈습니다.[73]

비슷한 시기에 시작돼 10여 년간 계속된 유성기업의 노동조합 파괴 또한 노동자들을 정신질환과 자살로 내몰았습니다. 더욱이 유성기업 노동자들은 근로복지공단으로부터 정신질환 산재 인정을 받고도 이를 취소해달라는 회사의 소송에 시달려야 했고, 이에 노동조합 탄압 등 불법 부당노동행위로 발생한 정신질환을 산업재해로 인정한 첫 대법원 판결을 이끌어 내기도 했습니다.[74]

이 시기는 노동자의 자살이 '직장 내 괴롭힘'과 '갑질', '과로자살'이라는 이름으로 드러나기 시작한 시기이기도 합니다. 주목할 것은 이전까지 산재 신청이 주로 조직 노동자가 집단적으로 행한 것이라면 '괴롭힘'과 '갑질', '과로 자살'의 경우 개별 노동자의 대응이 확대되었다는 점입니다. 이는 자살과 정신질환을 야기하는 열악한 노동환경에 대한 문제 제기를 넘어 보편적인 인간 존엄과 일상의 민주주의라는 관점으로 노동자의 정신건강 문제를 다뤄야 함을 보여줍니다. 그러나 여전히 노동자의 자살은 그가 한 일과 관련해 논의되는 일이 적고, 이를 산재로 인정받기 위해서는 유족이 고되고 지난한 과정을 거쳐야 합니다.[75]

덧붙여 1990년부터 2020년까지 30년 동안 기사화된 금융노동자 자살 109건을 분석한 연구는 노동자 자살에 대한 기업의 진술 방식에도 추세가 존재함을 보여줍니다.[76] 90년대에는 회사 측 진술이 거의 드러나지 않다가 2000년부터는 고인의 죽음은 "업무와 관련이 없다"라는 식의 단순한 발언이 기사화됩니다. 그러다 2010년대 이후에는 업무 관련성을 부정하는 회사 측 진술이 다양해지는데, 특히 우울증과 정신질환 이야기가 많이 등장합니다. 이는 2000년대 후반부터 우울증을 자살의 대표적인 원인으로 지목한 정부의 자살예방정책과 관련이 있을 듯합니다. 이 시기의 기사들엔 "평소에 회사 업무로 스트레스를 많이 받아 우울증과 정신분열 증세를 보였으며 최근에는 증세가 심해져" 자살에 이르렀다거나 학창 시절 정신질환의 병력이 있었다거나 하는 식의 과거 병력이 언급되고 고인이 평소 완벽주의였다든지 소극적이었다는 성격 묘사도 함께 등장합니다.

무엇보다 노동자, 특히 사회적 약자의 자살을 보도하는 기사에는 이런 말이 관용구처럼 나옵니다. "끝내 ~를 이겨내지 못하고 극단적인 선택을 했다." 이는 스트레스의 원인이 무엇이든 이겨내야 할 대상으로 보아 이를 이겨내지 못한 사람이 심리적 부담을 얻어 마침내 취한 이례적이고 극단적인 사건으로 자살을 묘사하는 방식입니다. 노동자 자살 관련 보도에서 해당 표현이 많이 쓰이는 이유는 아마도 이 말이 일터에서의 정신건강을 바라보는 우리 사회의 관점을 반영하기 때문일 것입니다. 위에서 언급한 금융노동자의 자살과 정신질환에 대한 연구에서도 다수 노동자가 현재 나의 정신질환이 업무에서 비롯되었고 동료의 자살 또한 업무 때문이라는 인식을 드러내면서도, 업무 과정에서 이를 어쩔 수 없이 받아들여야 한다고 여기는 경향 또한 강함을 보여주었습니다.

이러한 인식은 자살 사망자를 바라보는 '인생에서 일이 다가 아닌데 차라리 그만두지', '너무 내성적이고 예민한 사람' 같은 시선과 연결됩니다. 이는 죽음의 직접적 원인을 은연중에 고인의 탓으로 돌리는 것입니다. 또는 '분명 낌새가 있었을 텐데 가족이 눈치채지 못한 건 아닐까', '가족이나 주변 사람이 영향을 준 건 아니었을까'라고 가족과 주변인에게 책임이 있는 것처럼 말하기도 합니다. 자살의 원인으로 개인의 성격을 지목하거나 유족에게 비난의 화살을 돌리는 부당한 사회적 인식은 유족에게 고통만 가중시킵니다. 자살자와 유족에게 따라붙는 사회적 낙인은 유족이 고인의 자살 사실을 말하기 꺼려 하는 이유이기도 합니다. 또한 자살을 우연히 일어난 사고의 하나로 보는 태도는 사회적인 현상으로서 자살을 바라보고 규모를 파악해 원인과 예방법을 찾으려는 노력에도 지장을 줍니다.

물론 비슷한 환경의 다른 사람들이 '어쩔 수 없이', '이겨내면서', 자살하지 않고 여전히 일하고 있기 때문에 '특이한' 사람이 '극단적인' 선택을 했다고 생각할 수도 있습니다. 그러나 선행연구나 언론을 살펴보면 일과 관련한 자살에서 이례적인 요인은 쉽게 찾을 수 없습니다. 2010년부터 2016년 사이 근로복지공단에 산재보험을 청구한 292명의 자살 사례를 분석한 논문은 그들의 일반적 특성과 그들이 느꼈던 스트레스를 토대로 자살 사망자들을 '위험노출형 교대근무자', '책임부담형 화이트칼라', '고객부담형 감정노동자', '직장폭력형 사회초년생', '고용불안정형 단순노동자'의 다섯 집단으로 나누었습니다.[77] 유난한 사람들이 자살을 한다고 보기에 이 범위는 많은 사람이 해당될 만큼 넓습니다.

'과로사(かろうし)'라는 신조어가 만들어질 정도로 장시간 노동으로 악명 높은 일본에서 1988년 '과로사 110번'이라는 상담창구를 만들고 과로사와 과로자살 문제를 사회적으로 공론화한 과정을 담은 『과로 자살』[78]의 저자도 과로자살의 사례들이 특정한 업종·직책에 국한되지 않았다고 말합니다. 책에는 제대로 된 교육 없이 과중한 업무에 처해진 신입사원과 회사의 구조조정으로 다른 직원들을 내보내야 하는 중간

관리자가 스스로 생을 마감한 이야기가 나옵니다. 일과 사생활 구분 없이 하루 24시간을 감시당하며 폭언을 듣는 여성 노동자도, 가족을 부양해야 한다는 압박감으로 일터를 벗어나지 못하는 남성 노동자도 스스로 목숨을 끊었습니다. 『과로 자살』에서 흥미로운 것은 저자가 산재 인정을 위해 자살이 발생한 사업장을 조사해 보니 이곳들이 무보수 연장근로나 임금 체불 등 많은 법률 위반 사례를 가지고 있었다는 점입니다. 어느 한 노동자를 죽음으로 몰아넣는 일터는 이미 다른 노동 조건도 열악한 데다 이를 집단적으로 문제 제기할 창구가 없는 경우가 많습니다. 결국 한 사람을 죽음으로 몰아넣는 일터는 그에게만 가혹한 일터가 아니라 모두를 쥐어짜는 일터인 셈입니다.

이러한 사실은 일과 관련한 자살을 하나의 극단적이거나 이례적인 사건으로 보지 않을 것을 요청합니다. 일터에는 노동자의 정신건강을 위협하는 많은 조건이 산재해 있고 노동자의 자살은 그것의 가장 심각한 결과로서 나타나지만, 누군가 목숨을 끊을 수밖에 없는 환경은 모두에게 해로운 환경임에 틀림없습니다. 따라서 일과 관련한 자살을 예방하고 줄여나가기 위해서는 자살 고위험군에 속하는 특정 사람을 '치료'하는 것을 넘어(물론 위험한 상황에 있는 사람들이 자살하지 않도록 효과적으로 개입하는 일은 매우 중요합니다) 궁극적으로 노동자의 정신건강을 위협하는 많은 조건을 개선해 나가야 합니다.

3. 한국의 업무 관련 자살 현황[79]

1) 통계청과 경찰청의 통계 들여다보기: 정신적 · 정신과적 문제

앞서 일제강점기 후 지금까지 경찰청 통계를 중심으로 자살 원인 범주의 변화를 살펴봤습니다. 이제 현재 통계에서 업무 관련 자살 현황을 추정해 보겠습니다. 미리 말하자면 이는 매우 어려운 일입니다. 우선 우리나라의 자살 현황 및 추이를 파악하기 위한 자료로는 통계청 '사망원인통계'와 경찰청에서 발간하는《경찰통계연보》의 '변사현황'이 있습니다. 사망원인통계는 전국의 읍 · 면 · 동사무소 및 시 · 구청(재외국민은 재외공관)에 제출된 사망신고서를 기준으로 집계한 결과이고, 경찰청 변사현황은 경찰이 변사 사건을 수사해 자살자를 기록한 자료에 기반한 것입니다. 두 통계의 집계 기준이 다르므로 자살자 수에도 차이가 있습니다. 2018년의 경우 통계청 사망원인통계에서는 13,670명, 경찰청 변사현황에서는 13,216명의 자살 사망자가 있었던 것으로 보고됩니다. 외환위기로 자살자가 급증했던 1998년의 경우, 통계청은 자살 사망자를 8,569명으로 집계한 반면 경찰청은 12,458명으로 집계해 약 4천 명이나 차이가 난 적이 있습니다. 한국 사회가 자살에 대한 사회적 낙인이 강하다는 점을 고려할 때, 유족이 사망신고 시 자살임을 밝히지 않은 것으로 추측됩니다. 그러다 2003년부터 통계청이 경찰의 전년도 변사자 통계를 넘겨받아 주민등록을 대조하고 누락분을 보완해 사망원인통계의 신뢰성을 높이는 작업을 시작했습니다.[80] 그래서인지 이제는 통계청 통계의 자살자 수가 더 높습니다. 하지만 여전히 두 기관에 포착되지 않은 자살 사망자도 있겠지요.

통계청의 2019년 사망원인통계에 따르면 한국의 자살자 수는 13,799명으로 하루 평균 37.8명이 자살합니다. 한국 인구 전체의 사망원인 중에서는 암, 심장질환, 폐렴, 뇌혈관질환 다음으로 다섯 번째로 높은 원인입니다. 한국의 자살률(인구 10만 명당 자살 사망자 수)은 외환위기 때였던 1998년에 급격히 증가한 이후, 2003년 카드대란과 2009년 글로벌 금융위기

직후를 기점으로 더욱 증가했고, 2011년에는 가장 높은 수치(31.7명)를 기록했습니다. 이후 2017년까지 감소하는 추세였으나 2018년(26.6명), 2019년(26.9명)에 다시 증가했습니다.[81]

자살 동기는 경찰청 변사 자료에서 확인할 수 있습니다. 경찰청 자료는 자살 동기의 항목을 가정문제, 경제생활문제, 육체적 질병 문제, 정신적·정신과적 문제, 직장 또는 업무상의 문제, 남녀문제, 사별문제, 학대 또는 폭력문제, 기타, 미상으로 분류합니다. 수사 담당자가 유가족 진술을 토대로 이 중 하나를 선택해 시스템에 입력합니다.[82] 경찰이 누군가의 자살 동기를 한 가지로 입력할 때 자살 이유가 과소 추정되거나 잘못 파악될 가능성이 높다고 할 수 있습니다. 이 점을 감안하고 2019년 자료를 들여다보면 정신적·정신과적 문제가 34.7%로 제일 높고 뒤이어 경제생활 문제(26.7%), 육체적 질병 문제(18.8%), 가정 문제(8.0%), 직장 또는 업무상의 문제(4.5%), 남녀문제(2.8%) 순입니다.[81]

여기서 잠깐 공식 통계자료의 한계를 짚어보려 합

그림2. 1998∼2019년 자살률 추이(단위: 인구 10만 명당 명)[83]

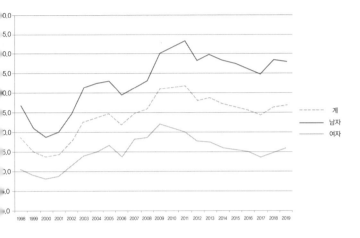

그림3. 2015∼2019년 동기별 자살 현황 추이(단위: %)[81]

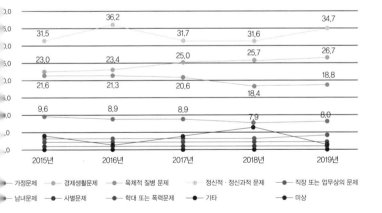

니다. 자살 동기 중 하나로 분류된 '남녀문제'란 어떤 문제일까요? 동일노동 동일임금 문제인지, 돌봄노동 분담의 불평등 문제인지, 위계형 성폭력 문제인지 정체를 알 수 없습니다. WHO의 국제손상외인분류(International Classification of External Causes of Injuries, ICECI)와 일본의 자살 이유 분류체계를 참고해 한국의 경찰청 자살 사망원인 분류를 10개로 제언한 연구는 WHO의 분류가 "우리나라 정서에 맞지 않는다는 단점이 있어 기본적인 구조는 국제손상외인분류에서 제안하고 있는 분류체계를 따르되 일본과 경찰청의 자살 이유 분류체계를 참고하여 우리나라 현실에 맞게 분류체계를 개선하고자 하였다"[45]라고 말하고 있습니다. 이러한 '한국적 정서'를 따르고자 한 예가 ICECI 대분류의 '가족, 연인, 친구와의 갈등' 항목이 '가정문제'와 '남녀문제'로 나뉜 일입니다. 참고로 '남녀문제'의 세부 분류는 교제와 관련된 갈등, 실연, 결혼과 관련된 갈등, 기타입니다.

한편 '육체적 질병 문제'의 세부 분류는 ICECI를 그대로 따와 HIV/AIDS, 원치 않는 임신, 육체적 질병,

기타로 이루어져 있습니다. 어떤 이들을 자살 위험이 높은 사람으로 보고 있는지 짐작할 수 있습니다. 그런데 여성의 '원치 않는 임신'이란 '남녀문제'에 속하는 것은 아닌가요? 이러한 시대착오적 집계 범주는 자살자 직업 분류에도 드러납니다. 경찰통계연보에서는 자살자의 직업을 '농·임·수산업', '자영업', '전문직', '공무원', '일반봉급자', '유흥업종사자', '일용노동자', '기타피고용자', '무직자', '기타'로 분류하는데 이는 한국표준직업분류와도 다릅니다. 2019년 자살자의 직업은 무직(47.0%), 기타(24.0%), 자영업(7.4%), 일반봉급자(6.8%), 기타 피고용자(4.8%), 농·임·수산업(2.1%), 전문직(2.1%), 일용노동자(1.1%), 공무원(0.8%) 순입니다. 이러한 분류는 무직자가 많다는 점을 제외하곤 직업적 특성과 자살의 관련성을 파악하기 어렵게 합니다. 해당 항목 중 제일 적은 유흥업종사자(0.2%)를 굳이 직업 분류 항목으로 둔 것도 의아한 점입니다. 공식 통계자료의 조사와 분류 항목이 시대적 흐름에 맞게 변화해야 할 필요가 있습니다.

다시 경찰청 통계의 자살동기 추이로 돌아와 지난

5년간의 추이를 보면 경제생활 문제로 인한 자살은 2015년 23.0%에서 2019년 26.7%로 증가하는 추세이고, 육체적 질병 문제로 인한 자살은 2015년 21.6%를 차지한 이후 지속적으로 감소해 2019년에는 경제생활 문제와 격차가 벌어졌습니다. 직장 또는 업무상의 문제는 약 4%로 자살 동기에서 미미한 비율을 차지한 것을 알 수 있습니다. 결국 경찰청 통계를 통해 확인할 수 있는 것은 자살자에게 '정신적·정신과적 문제'가 제일 많고 '직장 또는 업무상의 문제'는 다른 동기들에 비해 매우 적다는 사실입니다.

직장에서 괴롭힘을 당하다 좌천된 후 바뀐 업무에 적응하지 못해 해고 압박에 시달리던 사람이 목숨을 끊었습니다. 가족이 걱정할까 봐 별다른 사정을 말하지 않았던 그는 유서에도 그저 남은 가족에게 미안하다는 말만을 남겼습니다. 그의 죽음은 경찰청 분류에서 어느 항목으로 집계될까요? 근무 중 사고를 당했지만 제대로 쉬지도 치료받지도 그렇다고 직장에 복귀하지도 못하며 결국 일자리를 잃은 누군가는 빈곤에 시달리다 생을 마감했습니다. 이때 그의 죽음은

'경제생활 문제'와 '육체적 질병 문제' 혹은 '직장 또는 업무상의 문제' 중 무엇으로 집계해야 할까요? 무엇보다 이 문제들이 따로 떨어져 존재할 수 있을까요?

'욕받이 부서'라 불리는 콜센터 해지방어부서에서 화장실 갈 시간도 없이 화난 고객을 상대하며 할당된 상품까지 팔아야 했던 어떤 이는 불안 증세가 심해져 정신과 치료를 받아왔습니다. 항불안제도 그의 불안을 잠재우지 못했고, 어느 날 그는 목숨을 끊음으로써 출근하지 않는 방법을 택합니다. 이때 그의 자살은 '정신적·정신과적 문제'인가요, 아니면 '직장 또는 업무상의 문제'인가요? 자살한 사람들의 30% 이상이 정신적·정신과적 문제를 가지고 있었다는 결과는 왜 그들이 우울증을 앓았고 불안해했는지, 잠을 자지 못했는지, 트라우마에 시달렸는지, 매일 술을 많이 먹을 수밖에 없었는지는 말해주지 않습니다. 단지 자살은 정신적으로 '정상이 아닌' 사람이 하는 '이상하고 극단적인' 행동이라는 생각을 지지하는 데 쓰일 뿐입니다. '정신적·정신과적 문제'와 '직장 또는 업무상의 문제'는 과연 멀리 떨어져 있는 것일까요?

안타깝게도 현재 마련되어 있는 통계에서는 질문의 답을 얻기 어렵습니다.

2) 산재 통계 들여다보기: 0.01%의 사람들

연도	정신질환(자살 포함)			자살		
	신청(명)	승인(명)	승인률 (%)	신청(명)	승인(명)	승인률 (%)
2010	82	15	18.3	16	4	25.0
2011	99	23	23.2	44	12	27.3
2012	122	42	34.4	48	11	23.0
2013	129	45	34.9	49	16	32.7
2014	135	45	33.3	44	11	25.0
2015	148	46	31.1	44	7	15.9
2016	167	69	41.3	48	10	20.8
2017	190	103	54.2	60	27	45.0
2018	233	166	71.2	61	42	69.0
2019	313	213	68.1	60	35	58.3

표1. 2010~2019년 정신질환 및 자살 산재 신청 및 승인 현황[84]

업무와의 관련성 여부가 핵심 쟁점인 산재 통계에서 자살은 어떻게 드러나는지 살펴보겠습니다. 위의 표는 지난 10년간 근로복지공단에 정신질환 산업재해 건으로 접수된 후 질병판정위원회의 심의를 거쳐 업무상 사유로 인한 자살로 인정받은 사례의 수를 보여줍니다. 2010년 16건에서 시작해 2019년에 60건까지 신청 수가 증가했고, 승인 또한 점차 늘어 2019년에는 35건이 승인되었습니다. 신청 대비 승인 비율은 2010년대 초반에 20%대였다가 최근 60%대까지 올랐습니다. 참고로 2018년에 업무상 사고와 질병으로 산업재해를 승인받은 전체 산업재해 노동자 수가 102,305명인 것을 고려하면 정신질환 산업재해를 신청(233명)하고 승인받는 수(166명)가 전체 산업재해 안에서 얼마나 작은 비중인지 알 수 있습니다.

직업별	2010~2017 취업자 자살자 수				2010~2017 산재 신청된 자살자 수			
	남(명)	비율(%)	여(명)	비율(%)	남(명)	비율(%)	여(명)	비율(%)
관리자	2,423	8.13	268	3.90	101	31.96	3	8.11
전문가 및 관련 종사자	3,627	12.17	1,229	17.89	49	15.51	10	27.03
사무 종사자	4,616	15.49	1,441	20.97	48	15.19	15	40.54

서비스 및 판매 종사자	7,562	25.37	2,845	41.41	17	5.38	3	8.11
농업, 임업 및 어업 숙련 종사자	2,377	7.98	358	5.21	0	0.00	0	0.00
기능원 및 관련 기능 종사자	2,646	8.88	176	2.56	32	10.13	0	0.00
장치, 기계 조작 및 조립 종사자	1,992	6.68	53	0.77	34	10.76	3	8.11
단순노무 종사자	4,562	15.31	501	7.29	35	11.08	3	8.11
합계	29,805	100.00	6,871	100.00	316	100.00	37	100.00

표2. 2010~2017년 성별 직업별 자살 사망자83와 산재 신청 자료 비교

그렇다면 산재 신청 자료를 통계청 자료와 비교해 보겠습니다. 표2에서 왼쪽은 통계청 집계 자살 사망자 중 직업이 있던 사람을 성별, 직업별로 분류한 것이고 오른쪽은 같은 기간 자살로 산재를 신청한 사람을 성별, 직업별로 분류한 것입니다. 통계청 통계

에서 집계한 자살 사망자는 남녀를 불문하고 서비스 및 판매업 종사자가 제일 많았던 것으로 드러났습니다. 특히 여성 노동자의 경우 40%를 넘습니다. 이를 같은 기간 산업재해 신청 자료와 비교해보겠습니다. 자살로 산업재해를 신청한 사람 중 남성은 관리자(31.96%)와 전문가 및 관련 종사자(15.51%), 사무 종사자(15.19%), 여성은 사무 종사자(40.54%)와 전문가 및 관련 종사자(27.03%)가 많습니다. 공통적으로 전문가 및 관련 종사자, 사무 종사자가 높은 비율을 차지합니다. 통계청 통계에서 높게 나타난 서비스 및 판매 종사자의 비율은 산업재해 통계에서는 그리 높지 않습니다.

산재 신청 건수는 산재보험법이 적용되는 사업장에서 일했고 근속 기간을 가졌으며, 자살과 업무와의 관계를 산업재해 신청을 통해 증명하고 주장할 수 있는 자원을 가진 유족이 있는 경우가 반영된 숫자라고 추측할 수 있습니다. 물론 2010~2017년 기간에 통계청이 집계한 취업자 자살자 수 36,676명이 모두 업무와 관련한 이유로 죽음에 이르렀다고 말할 수는 없겠지만, 그 수의 0.01%밖에 되지 않는 산업재해 신청 353건이란 숫자는 비현실적으로 적어 보입니다.

3) 심리부검자료 들여다보기: 숨겨진 이야기를 찾아서

안타깝게도 현재 우리가 접할 수 있는 통계로는 일과 관련해 발생한 자살을 포착하기 어려우며, 그나마 마련되어 있는 통계에서조차도 업무 관련 자살은 다른 동기들에 비해 적게 추정되고 있을 가능성이 높습니다. 그럼에도 한 가지 흥미로운 것은 자살 사망자에 대한 심리부검 면담 분석자료입니다. 심리부검 Psychological Autopsy이란 자살 유족의 진술과 기록 검토를 통해 자살 사망자의 심리 행동 양상 및 변화 상태를 확인하고, 자살의 구체적인 원인을 검증하는 조사 방법입니다. 보건복지부는 우리나라의 자살 사망원인을 규명하고 예방정책을 수립하고자 2014년 중앙심리부검센터를 설립해 심리부검 사업을 수행하고 있습니다. 고인의 유족이 지역의 정신건강복지센터나 경찰서에 직접 심리부검 면담을 신청할 수 있고, 소

그림4. 자살 사망자의 생애 스트레스 사건85

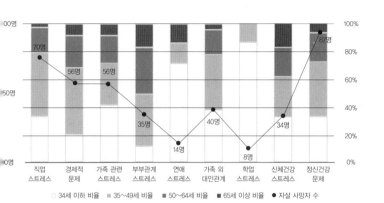

그림4. 자살 사망자의 생애 스트레스 사건85

방공무원 및 경찰공무원 등 특수직군의 기관 의뢰를 통해 이루어지기도 합니다.85 2018년에는 자살 사망자 103명에 대한 심리부검이 이루어졌는데 그 결과는 그림4와 같습니다.

심리부검 면담은 자살 사망자가 겪는 생애 스트레스 사건의 전반을 탐색하여 사망에 영향을 미친 요인을 찾아내려 합니다. 구체적으로는 직업 관련 스트레스, 경제적 문제, 가족 관련 스트레스, 부부관계 스트레스, 연애관계 스트레스, 가족 외 대인관계, 학업 관련 스트레스, 신체 건강 관련 스트레스, 정신건강 문제가 포함되며 각 스트레스 사건은 중복 집계가 가능합니다. 즉, 자살 사망자가 사망 전 경험한 스트레스는 다층적이며 복합적일 것으로 간주하고 있습니다. 자살 동기에 대한 이러한 집계 방식은 경찰청에서 단수 응답으로 처리한 집계 방식과 다릅니다. 2018년 자료에서 면담 대상이 된 103명을 분석한 결과 한 사람당 평균 3.9개의 스트레스 사건이 죽음에 영향을 주었을 것으로 파악되었습니다. 그림4와 같이 정신건강 문제가 87명(84.5%)으로 제일 많았고, 흥미롭게도 직업 관련 스트레스가 그 뒤를 이었습니다(70명, 68%). 직업 관련 스트레스는 사망 당시 피고용인이던 51명 중 41명(80.4%), 실업 상태였던 16명 중 13명(81.3%), 자영업자였던 15명의 경우 8명(53.3%)에게 있던 것으로 나타나 특히 피고용인과 실업 상태이던 사람들에게 직업 관련 스트레스가 주요한 영향을 미쳤음을 알 수 있습니다.

이외에도 가족 관련 스트레스 사건과 경제적 문제가 있던 것으로 파악된 경우가 각각 전체 면담 대상

자의 절반 이상인 56명(54.4%)이었습니다. 직업 관련

스트레스와 경제적 문제, 가족 문제의 연결 가능성

그림5. 심리부검 면담에서 추출된 자살 경로의 위험 요인85

자살 경로의 위험 요인(74항목)	
정신건강 영역 (9항목)	· 우울장애 · 음주문제 · 우울 및 음주문제 복합 · 우울 및 불안장애 복합 · 양극성장애 · 불안장애 · 조현병(스펙트럼) · 기타 정신건강 문제 · 정신건강문제 재발/악화
신체건강 영역 (8항목)	· 암 · 부상/손상 · 만성질환 · 기능저하/만성질환 · 임신/출산/불임/유산 관련 문제 · 갱년기 문제/노인성 질환 · 기타 신체건강 문제 · 신체건강 문제 재발/악화
경제 영역 (부채7항목+7항목)	· 부채(도박/주식, 보증, 사업자금, 주택, 과소비, 생계유지, 기타) · 독촉/상환 관련 문제 · 지속적 빈곤 · 경제적 궁핍 · 수입지출 변동 · 가족 관련 경제문제 · 사업 부담 · 사업부진/사업실패
직업 영역 (16항목)	· 취업준비/구직 · 취업관련 시험 준비/실패 · 취업 불안정 · 재취업 곤란/이직 곤란 · 무직 · 직장 유지의 어려움(잦은 이직) · 취업/이직 · 실직/퇴직 · 정년퇴직/은퇴 · 직무 변화 · 복무상태 변화 · 업무 부담 · 상사 동료 관계문제 · 승진 실패/누락 · 업무상 징계 · 업무상 과실
대인관계 영역 (가족관계5항목+8항목)	· 가족관계 문제(가족, 부부, 부모, 자녀, 기타) · 외도 · 이혼/별거 · 가족 질병 · 가족 사별[자살 제외] · 친구/지인관계 문제 · 주변인의 사망/질병[자살 제외] · 연애문제 · 대인관계 단절/철수
자살 관련 영역 (4항목)	· 가족 자살 노출 · 자살 노출 · 자살 시도 · 자해
기타 (10항목)	· 학업 관련 문제 · 학교 부적응 · 군 부적응 · 법적 문제 · 음주운전 관련 문제 · 범죄 피해 · 범죄 가해 · 문제 발각/발고 · 주거환경 변화 · 기타

을 생각해 본다면 직업 관련 문제가 주요한 자살 사망 동기로 드러나고 있음을 알 수 있습니다. 그림5는 직업 관련 스트레스를 포함, 자살자들이 자살 경로에 이른 위험요인을 제시하고 있습니다.

직업 관련 스트레스 사건이 있었던 70명을 대상으로 스트레스 세부 유형을 다중응답 분석해 빈도를 확인한 결과 그림6과 같이 '직장 내 대인관계 문제'를 겪은 사람이 24명, '퇴직 및 해고를 포함한 실업 상태'로 인해 스트레스를 겪은 것으로 파악된 사람은 18명, '이직 또는 업무량 변화'가 있었던 사람은 17명

그림6. 자살 사망자의 직업 스트레스 사건 세부 유형(다중응답)85

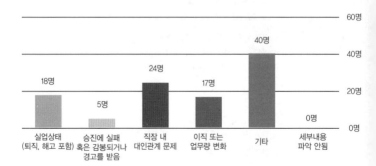

순이었습니다. 일터에서 자주 벌어지는 문제들이 자살에 이를 정도로 위험한 요인이 될 수 있는 것입니다. 경제적 문제가 있던 것으로 파악된 56명에 대한 분석에서도 '부채'가 있던 사람이 46명으로 연령을 가리지 않고 높은 비율을 차지하고 있었고, '수입 감소'로 인한 어려움은 14명, '지속적 빈곤'이 9명 순으로 나타났습니다. 이러한 경제적 문제 또한 일과 긴밀하게 연관되어 있을 것으로 추정할 수 있는 항목입니다.

자살에 영향을 미치는 일 관련 스트레스는 산업재해로 신청된 사례에서도 비슷하게 나타납니다. 표3은 2015~2017년 3년간 자살 건으로 산재 신청이 접수된 사례들을 검토한 결과, 자살과 관련된 주요 업무상 스트레스 요인과 유형 그리고 산업재해 여부를 판단하는 이들이 관련 유형의 심각도를 평가할 때 고려할 요소들을 정리한 것입니다. 바꿔 말하면 이는 조직의 관리자, 관련 정책을 설계하거나 입안하는 이들이 특히 세심하게 보아야 할 지점입니다.

사건	유형	심각도 평가
업무상 사고/재난	1. 사고나 화재의 체험 2. 사고나 화재의 목격	1. 사상자 수, 본인의 손상 정도, 회사의 피해 2. 사고 수습과정에서의 부담 3. 페널티 책임 추궁
폭언, 폭행, 괴롭힘	1. 폭언, 폭행 2. 괴롭힘 3. 성희롱	1. 내용과 지속시간 2. 가해자와의 접촉 빈도 및 업무 공간 3. 주변의 반응과 대처 4. 회사의 징계절차 등 처리
배치전환	1. 업무내용의 변화 2. 지역의 변화 3. 구조조정과 연계된 배치전환	1. 바뀐 업무의 구체적 내용 2. 변화 전후 동료 근로자 수와 팀 구성 3. 배치전환 통보과정과 이에 대한 소통과정
업무의 실패, 과중한 책임	1. 신규 사업 담당 2. 본인의 실수로 인한 회사 손실	1. 실패할 경우의 금전적 손해, 실제 금전적 손해 2. 인력 및 회사경영에 주는 충격 3. 업무처리 과정에서 업무량의 증가 4. 해당 업무에 대한 유사한 직급 동료들의 평가 5. 사회적 반향과 주목도 6. 신규 사업의 내용과 난이도
불합리한 인사	1. 원치 않는 승진 2. 퇴직 종용 3. 감사	1. 본인과의 소통과정 2. 승진 후 맡게 된 업무의 내용 변화 및 책임 수준 3. 감사환경과 기간 4. 부당노동행위 등에 대한 지방노동위원회 판단 결과 5. 감사 후 인사조치 등 처리 결과

표3. 자살과 관련한 주요 업무상 스트레스 요인[86]

4. 그는 어떤 일을 했나요?

지금까지 통계를 통해 우리 사회에서 일과 관련한 자살의 모습을 살펴보고 비록 공식 통계에 잘 드러나지는 않지만, 일과 관련한 자살이 예상보다 훨씬 많을 수 있다는 추정을 해보았습니다. 스스로 목숨을 끊어 사회의 문제를 드러낸 사람들과 같은 공동체의 일원으로서 자살의 이유는 원래 알 수 없다고 말하며 지나칠 수는 없습니다. 그 '이유를 알 수 없는 자살'에 조금이라도 다가가려면, 우리 사회가 생각하는 '자살의 이유'부터 질문하는 것이 중요합니다. 그것이 추정하고 분류하는 자살의 이유는 적절한지, 이러한 범주로 무엇이 드러나고 무엇이 숨겨지는지, 그로 인해 생성되는 효과는 무엇인지에 대한 것들 말입니다. 그럼으로써 숨겨져 있는 일과의 관련성에 대한 실마리를 찾을 수 있을지 모릅니다.

숨겨진 것을 드러나게 하기 위해 할 수 있는 일도 있습니다. 스스로 생을 마감한 사람들에 대해 그 사람이 심약하거나 충동적인 사람인지, 원래 우울했던 사람이었는지가 아니라 그 사람이 어떤 일을 했는지부터 살펴보는 겁니다. 어떤 환경에서 무슨 일을 했는지, 그 일을 하며 어떤 점을 힘들어했는지, 그중에서도 그를 특히 견딜 수 없게 했던 것은 무엇이며 그럼에도 그는 그 일을 왜 계속할 수밖에 없었는지 등을 말입니다.

그 사람이 했던 일은 그의 삶과 죽음에 많은 이야기를 해줄 수 있습니다. 우리는 하루 중 가장 많은 시간을 일하며 보내고, 자신과 소중한 사람들을 부양하고, 타인과 관계를 맺고, 존중과 인정을 받으며, 일을 통해 삶의 의미를 획득하기도 합니다. 하지만 그 일을 함으로써 과도한 업무에 시달리거나 심지어 착취와 폭력을 당할 수도 있습니다. 즉, 일은 우리의 삶을 나아가게 하는 힘이면서도 삶을 중단시킬 수 있는 파괴력이 있는, 어느 방향으로든 우리 삶에 막대한 영향력을 갖고 있습니다. 이는 산업재해 보상의 요건이 되는 자살에만 해당되지 않습니다. 일하는 우리 모두에게 해당되는 것입니다.

일하는 사람의 죽음은 일차적으로 그의 일터가 가

진 문제점을 보여줍니다. 만일 그가 직면했던 문제가 해결 가능한 것이었다면 삶과 죽음이 달라졌을 수도 있습니다. 그런 점에서 일하는 사람들의 자살은 결국 우리 사회의 문제를 드러내는 역할을 합니다. 노동자들이 직장에서 겪는 개인적 경험을 해석하고 미래에 취할 수 있는 행동을 결정하는 데 결국 사회가 만들어 놓은 사고와 행동의 틀이 영향을 줄 것이기 때문입니다.

그러니 자살의 이유는 알 수 없다지만, 그 이유를 알아내는 것이 중요합니다. 이유를 알아야 고인과 비슷한 상황에 처한 이들에게 도움의 손길을 내밀 수 있고, 또다시 그와 같은 죽음의 반복을 막을 수 있습니다. 그는 어떤 일을 했나요? 그 일을 할 때 그는 어땠나요? 우리에게는 더 많은 일하는 사람들의 이야기가 필요합니다.

4장

정신질병과 자살의
산업재해 보상

최근 회사에서의 잦은 인사이동과 상사의 폭언, 따돌림 등 직장 내 괴롭힘을 경험한 은정 씨가 있습니다. 직장 내 괴롭힘으로 인해 은정 씨는 스트레스로 불안증세가 나타났고 주변 상황에 민감하게 반응하는 일이 빈번해졌으며, 밤잠을 설쳐 새벽까지 잠들지 못했습니다. 회사에서 인정받지 못한다는 자괴감에 극단적인 생각도 했습니다. 은정 씨는 친구에게 자신의 힘든 상황을 털어놓았습니다. 그러자 친구는 은정 씨의 상태가 업무와 관련하여 발생한 재해라며 산업재해 신청을 함께 준비해보자고 말해주었습니다. 친구의 조언에 힘을 얻어 산업재해를 신청하기로 결심한 은정 씨, 산업재해 신청을 위해 무엇을 준비해야 할까요? 그리고 산업재해보험으로부터 어떤 보호를 받을 수 있을까요?

1. 산업재해 승인을 받으면 보상받을 수 있는 것들

산업재해 승인 시 금전적 보상을 얻을 수 있습니다. 먼저 치료비 개념인 요양비 및 요양급여를 받을 수 있고, 질병으로 인한 휴업이 인정되는 경우 정상적으로 일해 받을 수 있었던 임금의 70%를 휴업급여로 받을 수 있습니다. 산업재해로 승인된 자살의 경우 유족급여를 받을 수 있으며 실비 성격의 장례비[87]를 받을 수 있습니다.

금전적 보상도 당연히 중요하나 무엇보다 중요한 것은 산업재해 승인으로 인한 사회적·심리적 보상입니다. 산업재해보상보험제도는 노동자 개인의 잘못이 아니라 일하다 보면 누구에게나 생길 수 있는 일(법원은 이것을 '내재된 위험이 현실화된 것'이라고 말합니다)인 업무상 재해에 대해 사회보험이 책임을 지는 구조입니다. 산업재해의 책임은 사회에서 지고, 노동자는 이를 믿고 업무에 충실할 수 있는 구조는 재해를 입은 노동자에게 업무상 재해라는 인정과 사회로부터 보호받고 있다는 안정감을 줍니다.

실제로 회사의 일방적인 배치전환과 그 과정에서의 팀장의 괴롭힘 등으로 정신질병 진단을 받은 어느 재해자는 산업재해 승인을 받고 회사에 복귀하면서 자신의 질병이 개인 사유가 아닌 업무 때문에 발생한 것임을 인정받았다는 만족감을 느꼈습니다. 동료 노동자들도 재해자의 복귀를 축하해준 덕분에 행복한 마음으로 업무에 복귀할 수 있었습니다. 자살의 산업재해 승인 역시 고인의 죽음이 업무에 의한 것이라는 진실을 확인함으로써 고인의 명예를 회복하고 유가족의 아픔을 위로할 수 있습니다.

이처럼 산업재해보상보험제도는 업무상 재해의 사회 책임 구조를 지향하고 있으나, 현실적으로 업무상 이유로 발생한 정신질병이 산업재해로 인정받는 것은 어려운 일입니다. 정신질병의 산업재해 인정과 관련한 문제점은 뒤에서 이야기하고 구체적인 산업재해 신청 절차부터 살펴보겠습니다.

2. 정신질병 산업재해 신청에 필요한 것들

조금 어렵고 복잡해 보일 수 있지만, 절차를 표로 그리면 아래와 같습니다.

정신질병 확인 (의료기관 진단)	● 정신질병 진단 · 치료중인 의료기관
산업재해 신청 (신청인 ⇨ 근로복지공단)	『신청 시 필요서류』 ● 요양급여 신청서 (별지 제2호서식) ⇨ 신청인 작성 ● 산업재해보상보험 소견서 (별지 제3호서식) ⇨ 의료기관 작성 및 직인 필요. ● 신청 상병 의무기록 ● 재해 발생 경위 등 ※ 해당 의료기관에서 산업재해보상보험 소견서 작성을 거부할 경우 해당 서류를 진단서로 대신할 수 있음.
재해조사 (근로복지공단 실시)	● 신청 상병과 수행 업무의 관련성 조사 ⇨ 근로복지공단 직원 수행.
(필요시) 진찰 요구	● 정신질병 산업재해 신청의 경우 진단이 합당한지 확인하기 위해 근로복지공단 소속 병원 또는 임상심리사 1급 자격을 가진 전문가를 보유한 종합병원 이상 의료기관에서 진찰을 요구할 수 있음.

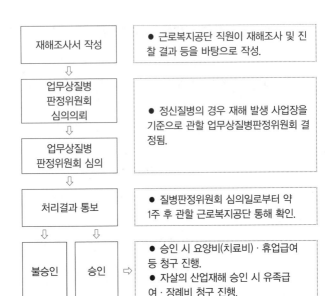

표1. 정신질병 산업재해 신청 절차

산업재해 신청에 필요한 기본적인 서류로는 요양급여 신청서(자살의 경우 유족급여 및 장례비 청구서), 산업재해보상보험법상 소견서(또는 요양 기간이 명시된 진단서 혹은 소견서), 재해경위서가 있습니다.

1) 요양급여 신청서 작성하기

산업재해 사건은 재해자의 「요양급여 신청서」 작성·제출로부터 시작합니다.[88] 요양급여 청구서를 비롯한 각종 서류는 [근로복지공단 홈페이지]-[자료실]-[서식 자료]에서 확인할 수 있습니다. 요양급여 신청서에는 재해자의 기본 인적사항과 재해 발생 일시, 재해 발생 사업장(회사 이름), 재해 발생 경위 등 산업재해 조사의 기초가 되는 내용을 기재해야 합니다.

산업재해보험 보상과 관련된 업무는 근로복지공단이 고용노동부로부터 업무 위탁을 받아 수행하고 있습니다. 이에 재해자는 요양급여 신청서를 근로복지공단에 제출함으로써 산업재해 절차를 진행할 수 있습니다. 근로복지공단은 전국에 지사를 두고 있는데 산업재해 신청을 위해서는 재해자의 주소지가 아니라 회사 주소지를 관할하는 지사에 신청해야 합니다.[89] 공무원의 재해보상은 일반적인 산업재해와 달리 공무원재해보상법에 따라 공무원연금공단에 신청하고, 사학연금법을 적용받는 교직원 재해보상은 사학연금법에 따라 학교 기관을 통해 사학연금공단에 신청합니다.

신청서의 구체적인 작성 내용은 아래와 같습니다.

요양급여 신청서		
기초 내용		작성 기준
재해자 정보	성명 (주민등록번호)	
	주소	
	연락처	
	직종 및 채용일자	● 재해사업장에 채용된 일자 기준
	출퇴근시간	

⇨ 재해자 정보 부분을 모두 작성합니다.

재해 발생 정보	재해 발생 일시	● 정신질병 증상이 처음 발생한 날
	재해 발생 경위	● 육하원칙에 따라 작성

⇨ 재해 발생 정보 부분도 작성하시되, 재해 발생 경위에 대해서는 별지(재해 경위서)로 신청 상병의 업무 관련성을 상세히 작성하여 제출합니다.

재해 발생 사업장 정보	사업장명	● 근로복지공단 홈페이지에서 검색
	사업장 관리번호	
	사업장 주소	

⇨ 사업장 관리번호를 찾기 어렵다면 기재하지 않아도 됩니다.

표2. 요양급여 신청서 작성 요령

그림1. 유족급여 · 장례비 청구서 작성 예시

[별지 제15호 서식] <개정 2018.12.12., 2019.8.12., 2020.12.04., 2021.12.23.>

산 업 재 해 보 상 보 험

[v] 유 족 급 여
[ ] 진폐유족연금　　청 구 서
[v] 장 례 비

※ 공통란은 모두 기재하시고, 해당 신청란에 [✔] 하고 기재하시기 바랍니다. (앞면)

접수번호	접수일	처리기간 : 10일

사업장	사업장 관리번호 □□□-□□-□□□□□-□ 사업개시번호( )	사업장명	소재지	
재해자	성 명 한보연	주민등록번호 931024-1234567		
	주 소 서울시 금천구 가산디지털1로 100 에이스골드타워 1308호		직종 사무직	
	재해발생일 2022년 01월 02일		채용년월일 2016.11.01.	

유족급여	수급방법	[V] 연금 [ ] 일시금 [ ](일시금,연금)×1/2
		신청이유는 별지 참조
	구비서류	1. 근로자의 사망진단서 또는 사체검안서 1부(사인미상인 경우 사체부검소견서 1부) 2. 주민등록등본 1부 ※ 행정정보 공동이용에 동의하는 경우에는 주민등록등본은 공단 직원이 확인합니다.

	장례실행자 성명	사망자와의 관계	장례실행일	비용
장례비	김나라	배우자	2022.01.05.	

미지급 보험급여: 산재근로자가 사망하기 전에 청구하지 않은 보험급여가 있으면 청구하시겠습니까? (V) 예 ( )아니오

수령계좌: 수령희망은행 및 계좌번호:
[V] 보통계좌
[ ] 보험급여 전용계좌(희망지킴이-압류금지계좌)

확인사항:
① 이 재해와 동일한 사유로 민법, 그 밖의 법령에 따른 배상 또는 보상을 받은 사실이 있습니까? ( )예 (V)아니오
② 배상 또는 보상금을 수령한 경우 그 내역(①에서 "예" 라고 체크한 경우에만 작성합니다.)

수령일자	수령금액	지급한 자	첨부서류
			합의서, 판결문, 영수증, 기타서류 등

부가서비스 제공을 위한 개인정보 이용 동의서(선택사항)

공단의 부가서비스 홍보와 고객만족 향상을 위한 안내 목적으로 개인정보를 이용하고자 하니 아래의 내용을 읽고 동의 여부를 결정하여 주시기 바랍니다.

□ **개인정보 이용 내역**

이용 목적	이용 항목	이용기간
홍보문자, 전자우편 전송, 감사편지 발송 등	**성명, 연락처(일반전화, 휴대전화, 전자우편, 주소)**	**5년**

※ 위의 개인정보 이용에 대한 동의를 거부할 권리가 있습니다. 이 경우 홍보자료 및 사은품 수령에 제한을 받으실 수 있으며, 위 동의를 거부하더라도 산재보험 요양급여 신청 및 보험급여 청구에 대한 불이익은 발생하지 않습니다.

개인정보 이용에 동의하십니까? ([ ] 예, [ ] 아니오)

년 월 일 성명 (서명 또는 인)

※ 보험급여 결정에 관한 통지 등 민원접수 처리결과 안내는 「산업재해보상보험법」 및 같은 법 시행령, 「민원 처리에 관한 법률」에 따라 본 개인정보 동의와 무관하게 통지됨을 알려드립니다.

본인은 (유족급여, 진폐유족연금, 장례비, 미지급보험급여) 청구 기재내용이 사실임을 확인하고 산업재해보상보험법 시행령 제21조제1항에 따라 위와 같이 청구합니다.

2022 년 2 월 8 일

청 구 인 : 김 나 라 (서명 또는 인) ☎
대 리 인 : (서명 또는 인) ☎

근로복지공단　　지역본부(지사)장 귀하

유족급여 · 장례비 청구서

기초 내용		작성 기준
재해 발생 사업장 정보	사업장 관리번호	● 근로복지공단 홈페이지에서 검색
	사업장명	
	소재지	

⇨ 사업장 관리번호를 찾기 어렵다면 기재하지 않아도 됩니다.

기초 내용		작성 기준
재해 발생 정보	성명	
	주민등록번호	
	주소 및 전화번호	
	직종	
	재해 발생일	● 자살한 날
	채용년월일	

⇨ 재해자 정보 부분을 모두 작성합니다.

기초 내용		작성 기준
유족급여	수급 방법	● 원칙: 유족보상연금(연금수급권자가 원하는 경우 유족일시금의 50% 지급 및 연금은 50% 감액 지급하는 반액보상제도 선택 가능) ● 연금수급권자가 없는 경우 등에만 유족일시금 가능
	재해 발생 원인 및 상황	● 육하원칙에 따라 작성

⇨ 재해 발생 원인 및 상황 부분도 작성하시되, 별지(재해경위서)로 자살의 업무관련성을 상세히 작성해 제출합니다.

기초 내용		작성 기준
장례비	장제 실행자 성명	
	사망자와의 관계	
	장제 실행일	● 발인한 날
	비용	

⇨ 장제를 지낸 자가 유족인지 여부에 따라 평균임금 120일 분 또는 실비 지급 여부가 달라지므로, 실제 장제를 실시한 자를 기재합니다.

수령 계좌	수령 희망 은행 및 계좌번호	● 보통계좌 또는 전용계좌 선택

⇨ 산업재해보상보험법 제88조 제2항에 따라 보험급여를 받을 권리는 양도 또는 압류하거나 담보로 제공할 수 없도록 규정하고 있으며, 이에 보험급여 압류 방지를 위해 산업재해보험급여 수급 전용계좌인 '희망지킴이통장' 제도를 운영하고 있습니다.

확인사항	다른 배상 또는 보상을 받은 사실 체크	

⇨ 산업재해보상보험법 제80조 제3항에 따라 유족급여 등 보험급여에 상당하는 보상을 받은 경우 산업재해보험법에 따른 보상을 지급하지 않으므로, 회사에서 산업재해 발생 이후 합의를 요구해올 경우 신중하게 판단해야 합니다.

표3. 유족급여·장례비 청구서 작성 요령

2) 병원에 소견서 요청하기

다니는 병원의 의사에게 소견서 작성을 요청합니다. 소견서에는 재해자를 진단한 의사의 산업재해 신청 상병 진단 경위, 신청 상병 진단 이유, 신청 상병 치료 방법 및 예상 치료 기간 등을 기재합니다. 병원에 소견서 작성을 요구하면 의사가 소견서 기재 항목을 작성하고 병원 직인이 찍힌 소견서를 교부합니다.

간혹 의사가 소견서 작성을 기피하는 경우가 있습니다. 이런 경우 산업재해 신청을 포기해야 할까요? 그렇지 않습니다. 병원에서 소견서 작성을 거부한다면 상병명과 치료 기간이 명시된 진단서 또는 소견서를 발급받아 소견서 대신 제출해도 산업재해를 신청할 수 있습니다.[90]

3) 재해경위서 쓰기

요양급여 신청서에도 재해 발생 경위를 쓰도록 되어 있으나, 별도로 재해경위서를 작성해 신청 상병의 업무 관련성을 구체적으로 주장할 필요가 있습니다. 신청한 정신질병과 업무의 관련성을 보여주려면, 먼저 정신질병의 원인이 된 업무에 관해 자세히 설명해야 합니다. 위의 신청서 쓰기가 단답형 문제라면 재해경위서는 논술 문제입니다.

산업재해보상보험법 제37조 제1항 제2호는 업무상 질병의 여러 유형을 규정합니다. 특히 직장 내 괴롭힘, 감정노동 등을 비롯한 일터에서의 정신적 스트레스가 원인이 되어 발생한 정신질병도 업무상 질병으로 명시하고 있습니다. 다만, 정신질병을 산업재해로 인정받기 위해 재해자는 일터에서의 업무 및 제반 사정과 상병 사이의 인과관계를 충분히 설명해야 합니다. 즉, '정신질병이 업무 때문에 발생하였다'라는 업무 관련성을 주장해야 하는 것입니다.

① 정신질병의 원인이 된 업무

업무 관련성을 증명하려면 정신질병의 원인이 된 업무에 관해 자세히 설명해야 합니다. 유의할 점은 정신질병은 개인이 느끼는 감정이나 주변 상황에 따라 발병 유무가 달라질 수 있다는 것입니다. 따라서 정신질병 산업재해 신청의 경우 업무 내용을 나열하는 것과 같은 객관적인 서술을 넘어 재해자가 업무나 근무환경으로 인해 경험하게 된 주관적 느낌이나 정신적·신체적 이상 증세들을 자세히 서술해야 한다는 점입니다. 예를 들어 A라는 업무에 새로 배치된 노동자와 기존에 A업무를 수행하고 있던 노동자가 체감하는 업무 난이도는 다를 수 있습니다. 새로 배치된 노동자가 A업무에 적응하는 과정에서 어려움을 느껴 부담을 가지고 업무를 수행하다 직장 내 괴롭힘이나 동료들과의 관계 악화를 겪었다면, 그 노동자에게 정신질병 증상이 나타날 수 있습니다. 따라서 A업무의 객관적인 설명 외에도 업무에 대한 주관적인 서술이 함께 이루어져야 합니다. 이때 읽는 사람이 쉽게 재해자의 업무를 파악할 수 있도록 가능하면 시간 순서대로 업무를 정리해주시기 바랍니다.

○ 일상적인 업무 스트레스

업무상 스트레스는 특정한 이벤트에 의해 발생하기도 하지만, 재해자가 수행하고 있는 일상적인 업무 자체에서 발생하는 스트레스도 있습니다. 이에 근로복지공단은 일상적 업무상 스트레스 요인을 조사하고 있습니다. 아래의 일상적인 업무상 스트레스 유형들[91]을 위주로 설명하면 업무상 스트레스 요인을 명확하게 드러낼 수 있습니다.

업무 스트레스 유형	내용
직무요구도	업무의 일반적인 부담 정도, 쫓기면서 일을 하거나 마감을 맞추어 일을 하는 등의 부담 정도에 대한 근로자 및 관계자 의견
직무자율성	업무의 내용, 속도, 순서, 과정 등에 있어서 근로자의 의사 결정 및 의사결정 과정 참여에 대한 스트레스 유무
노력–보상 불균형	업무에 대한 심리적 · 물질적 보상 수준에 대한 만족도 등
직업 불안전성	해고, 계약만료 또는 회사를 계속 다닐 수 없을 것이라는 불안감 등이 있는지 여부
사회적 지지	이전 직장을 포함 동료, 상사의 지지 및 지원, 평소의 관계 등
물리적 환경	근무 장소의 환경(공기오염 등), 작업방식의 위험성, 신체부담 정도 등
고객응대업무	주로 상품의 판매나 서비스의 제공을 위하여 고객, 환자, 승객 등을 직접 대면 또는 음성 대화 매체 등을 통해 상대하는 업무를 하는 경우 업무량과 강도 등
업무 긴장이 높은 업무	평소 수행하는 업무가 공공의 안전 등을 담당하고 있어 긴장이 높은 업무인지
업무 관련 사고	업무와 관련한 사고의 경험 또는 목격을 한 경우 해당 사고의 심각도, 재해자의 피해 정도, 수습과정에서의 재해자의 역할 및 책임, 언론의 보도 행태, 법적 처벌의 가능성
폭언 · 폭행 · 성희롱	내용과 지속기간, 반복성, 가해자와의 접촉 빈도 및 업무 공간 사용 등
업무의 양과 질 변화	구체적인 업무내용의 변화와 동료직원들의 평가 확인 조직도, 인력 구성, 작업매뉴얼, 업무지시서, 재해자 작성 자료, 업무시간 및 휴일 등 확인

업무상 실수 · 책임	업무상 실수로 재해나 경제적 손해가 발생하거나 실패 시 손해가 예상되는 업무를 책임지게 되었는지, 해당 실수나 업무 미완수 시 경영상의 영향과 불이익 파악, 사후 대응 내용 및 대응을 위한 업무량, 직장 내 인간관계 변화 등 파악
회사와의 갈등	해고, 복직, 인사조치, 감사, 퇴직 종용, 조기퇴직, 재계약, 원치 않는 승진 등 고용 및 인사와 관련하여 회사와 갈등이 있었는지, 갈등의 내용
일터 내 갈등	상사, 동료, 부하, 원 · 하청과의 갈등 내용과 정도, 업무 지장 정도
일터괴롭힘 · 차별	재해자에 대한 지속적이고 반복적인 집단 괴롭힘, 따돌림, 차별, 헛소문 등
업무 부적응	육체적 질병이나 정신적 건강 문제로 인한 업무 수행 어려움
배치전환 등 인사명령	직종 및 직무(책임)의 변화 정도, 전환배치 · 전근의 이유 · 경과 업무의 어려움, 능력 · 경험과 변화 업무 내용의 차이, 배치 이후 작업내용, 작업량, 인간관계 등

표4. 근로복지공단 지침상의 일상적 업무상 스트레스 유형

○ 업무와 관련해 발생한 사고

업무 수행 과정에서 또는 회사에서 벌어진 사고나 화재 등은 이를 경험하거나 목격한 재해자의 정신질병 원인이 될 수 있습니다. 이 경우 사고 및 재해의 심각도, 재해자의 피해 정도, 사고 및 재해 수습 과정

에서 재해자의 역할 또는 책임 등을 정리해 사고 등
이 정신질병 발병의 원인이 되었다는 점을 자세히 서
술하는 것이 좋습니다.

○ 폭력, 폭언, 성폭력, 성희롱

직장 상사, 동료, 고객 등이 행한 폭력, 폭언, 성폭
력 등은 업무상 정신질병의 원인이 될 수 있습니다.
특히 폭력과 성폭력, 성희롱이 원인인 경우 승인된
사례가 많습니다. 반면 폭언에서는 평가가 엇갈립니
다. 폭언이 미치는 정신적 영향에 비해 승인이 잘 안
되는 점은 장기적으로 개선되어야 할 부분입니다. 녹
음(재해자가 화자로 참여한다면 상대방의 동의 없는 녹음
이 가능합니다) 등 객관적인 증거들을 수집하는 편이
좋고, 없다면 가능한 개인적 감정이나 평가가 아닌
사실관계 위주로 자세히 서술합니다.

○ 업무시간 - 과로, 야간 교대근무, 불확정성

업무상 정신질병을 주장하면서 많은 노동자가 놓
치는 것이 과로나 야간근무, 교대근무와 같은 업무시

간입니다. 장시간 노동, 야간 교대근무 등은 우울증, 수면장애 등 정신질병의 원인이 됩니다. 최근에는 업무시간의 불확정성 자체가 스트레스 요인이며 수면의 질을 떨어뜨린다는 연구결과가 나오고 있습니다. 여기서 업무시간은 근로계약서상의 근로시간으로 한정되지 않고 옷 갈아입는 시간, 청소 시간 등과 같은 사실상 사용자의 지휘감독 아래에 있는 모든 시간을 의미합니다. 따라서 업무시간은 근로시간보다 넓은 개념입니다. 단순한 주장만으로는 업무시간을 입증하기 어려우므로 회사 출퇴근 기록이나 교통카드 내역, 동료 노동자들의 증언 등을 근거로 확보해야 합니다.

○ 직장 내 괴롭힘

2019년 7월 직장 내 괴롭힘 금지가 법제화되고 직장 내 괴롭힘 등에 의한 스트레스로 발병한 질병의 산업재해 인정 근거가 마련되면서 직장 내 괴롭힘에 따른 정신질병을 산업재해로 신청하는 경우가 늘고 있습니다. 하지만 직장 내 괴롭힘의 경우 선례가 많지 않기 때문에 직장 내 괴롭힘과 관련해 서술할 때는 직장 내 괴롭힘만 다룰 것이 아니라 폭력, 폭언, 성폭행, 성희롱, 업무시간(과로, 야간근무, 교대근무, 불확정성)에 관해서도 함께 서술하기 바랍니다.

또한 근로기준법에 따르면 회사가 직장 내 괴롭힘을 인지하거나 신고받았을 때 지체 없이 조사하고 피해자 보호조치 등을 할 의무가 있습니다. 그러나 직장 내 괴롭힘 신고를 했음에도 불구하고 회사가 조사를 진행하지 않거나 부실하게 조사하기도 하고, 오히려 직장 내 괴롭힘 사실을 숨기고자 가해자와 피해자의 화해를 적극적으로 종용하는 등 피해자를 2차 가해하는 일이 있습니다. 이러한 행위들은 모두 정신질병을 악화시키는 행위들입니다. 따라서 직장 내 괴롭힘 행위 자체뿐만 아니라 회사의 대응과 동료 노동자들의 반응 등 정신질병 발생 및 악화에 영향을 미치는 제반 사정들을 자세히 기재하는 것이 좋습니다.

○ 부당한 인사명령

재해자의 의사와 무관하게 회사가 일방적으로 또는 부당하게 근무지 변경을 통보하거나 수행하는 업무를 변경하고, 나아가 징계조치하는 경우가 있습니다. 이러한 근무지 및 업무의 변화 또는 징계로 인한 스트레스가 증가해 정신질병이 발병하게 됩니다. 업무의 변화는 책임의 변화도 포함하는 것으로 업무 변경으로 인해 책임도 가중되면 이러한 부담이 스트레스 증가로 이어지게 됩니다. 인사명령 문제에 관해서는 재해자 의사 반영 등 배치전환의 적절성, 변경된 업무의 어려움, 재해자의 능력 및 경험과 변경된 업무와의 연관성, 변경 이후 동료 노동자들과의 관계 등을 자세히 서술합니다.

○ 정신질병 진단명에 따른 업무관련 위험 요인

근로복지공단 「정신질병 업무관련성 조사지침」 상의 진단명에 따른 업무관련 위험 요인은 표5와 같습니다. 그러나 정신질병의 원인이 되는 스트레스 요인은 매우 다양하고 개인의 정신적·신체적 사정에 따라 다를 수 있으므로, 지침상 업무관련 위험 요인에 해당하지 않는다고 하더라도 스트레스 악화 요인이라고 생각되는 업무 관련 요인들은 모두 기재하는 것이 좋습니다.

진단명	업무관련 위험 요인
주요 우울장애	□ 높은 직무 요구도, 낮은 사회적 지지, 노력-보상의 불균형, 직무 불안정성, 위험 및 폭력, 불공정성, 장시간 근로, 해고의 경험
불안장애	□ 높은 직무 요구도, 직무 변경, 책임의 변화 □ (공황장애의 경우) 급성의 스트레스 사건 경험
적응장애	□ 급격한 직무 변경, 책임의 변화 등 업무와 관련하여 발생한 다양한 스트레스성 사건
외상후 스트레스 장애	□ 업무와 관련하여 발생한 심리적인 외상성 사건 외상성 사건의 심각도, 생명 위협 정도, 개인적 부상 유무, 대인관계에서의 폭력, 가해 여부, 잔혹행위의 목격 등이 영향
급성스트레스반응	□ 외상성 사건 경험 후의 부정적 평가, 부적절한 대처기술, 급성 스트레스 장애의 발전 등이 동반되는 경우, 반복적으로 부정적 감정을 느끼게 하는 경우 발생 위험이 높아짐 □ 부정적인 생활사건이 동반되거나, 경제적 손실 등이 동반되는 경우에도 그 위험이 높아짐
자해행위, 자살	□ 사건 발생 이전의 정신적 이상 상태를 기준으로 위험 요인 판단
수면장애	□ 야간 및 교대근무

표5. 근로복지공단 지침상 정신질병 진단명에 따른 업무상 위험 요인

② 업무 관련성 증명하기

업무를 설명하는 것이 중요하지만, 업무 때문이라는 점을 증명하는 것 역시 매우 중요합니다. 산업재해보상보험법과 대법원 판례를 따를 때, 산업재해를 신청하는 사람은 원칙적으로는 업무와 관련이 있다는 사실만 증명하면 됩니다. 하지만 실제로는 다른 원인이 없었다는 것을 증명해야 하는 경우가 많습니다. 근로복지공단은 주로 기존 질병력, 가족력, 이혼, 채무 등 업무 이외의 다른 사실관계를 들어 개인적인 이유로 인한 질병이라며 불승인을 합니다. 비슷한 문제로 과거 개인적인 사유로 정신질병을 진단받은 경험이 있다면 판정에 부정적인 영향을 끼칠 수 있습니다. 법률에 없는 요건을 요구하는 방식이 잘못된 것이지만, 불승인을 피하려면 위와 같은 업무 외 요인이 없었다는 사실도 서술하는 편이 안전합니다. 기존 질병력은 국민건강보험공단의 '건강보험 수진내역'을 첨부하면 쉽게 확인할 수 있습니다.

○ 내 잘못으로 정신질병이 생겼어도 산업재해인가요?

상담하러 오는 분들이 자주 하는 질문으로 '발병의 원인이 나에게 있는 것 같은데, 산업재해 신청이 가능할까요?'가 있습니다. 예를 들어 본인의 실수로 인해 회사에 피해가 발생했고 이로 인한 스트레스로 정신질병이 발병했을 때, 이 역시 산업재해로 볼 수 있는지의 문제입니다. 원칙적으로 개인의 과실이 있어도 산업재해보상보험제도의 혜택을 받을 수 있습니다. 산업재해보상보험법은 업무상 실수 등 개인의 잘못에 기인해 촉발된 정신질병도 산업재해로 인정하고 있습니다. 산업재해보상보험제도는 노동자의 과실을 이유로 보상을 제한하지 않는 '무과실책임'을 원칙으로 하기 때문입니다. 이러한 산업재해보험의 취지는 대법원 판례 입장에서도 확인할 수 있습니다.

대법원 2017. 3. 30. 선고 2016두31272 판결

법률에 특별한 규정이 없는 한 근로자의 과실을 이유로 책임을 부정하거나 책임의 범위를 제한하지 못하는 것이 원칙이므로, 해당 재해가 산업재해보험법 제37조 제2항에 규정된 근로자의 고의·자해 행위나 범죄 행위 또는 그것이 원인이 돼 발생한 경우가 아닌 이상 재해 발생에 근로자의 과실이 경합돼 있음을 이유로 업무와 재해 사이의 상당인과관계를 부정하는 경우에는 신중을 기하여야 한다.

○ 특정한 성격이나 기질이 산업재해 승인에 불리한가요?

개인의 성격이 정신질병에 취약하더라도 업무 스트레스로 인한 상병 발병이라면 산업재해로 인정받을 수 있습니다. 가령 재해자가 내성적이고 소심하다거나 책임감 및 자존심이 강하고 꼼꼼하며 완벽주의 성향이 강한 성격이어서 같은 업무를 수행하는 직원들에 비해 특정 정신질병이 발병할 가능성이 높을 수도 있을 것입니다. 그러나 산업재해를 인정하는 기준은 동일 업무를 하는 동료 노동자 등 사회 평균인이 아니라 재해 당사자의 건강과 신체조건입니다. 따라서 개인 성격이 정신질병 발병에 일부 영향을 미친 것으로 보이더라도 업무상 스트레스 요인이 확인된다면 산업재해 인정을 받을 수 있습니다.

대법원 2017. 8. 29. 선고 2015두3867 판결

업무와 질병 사이의 인과관계는 사회 평균인이 아니라 질병이 생긴 근로자의 건강과 신체조건을 기준으로 판단해야 한다.

서울고법 2020. 6. 24. 선고 2019누65629 판결

비록 재해자가 공황장애 발생 가능성이 높은 생물학적 요인을 가지고 있었다고 하더라도 일련의 스트레스 등이 원인이 돼 공황장애가 자연적인 진행 경과 이상으로 악화됐다고 추단할 수 있다. 그 원인이 직접 업무의 내용과 정도 등에 관련된 것은 아니더라도, 재해자가 업무를 수행하는 과정에서 또는 회사와의 고용관계에서 발생한 것이라고 볼 수 있는 이상, 재해자의 업무와 공황장애 악화 사이에 상당인과관계가 있다.

○ 급성스트레스도 산재가 되나요?

질병마다 특성이 조금씩 다르지만, 실무에서는 업무상 정신질병의 원인으로 크게 과로와 스트레스 요인을 봅니다. 특히 발병 직전의 분명한 업무상 사건, 사고가 있는 경우 질병의 업무관련성을 인정하기 용이합니다. 따라서 발병 직전의 사건 사고에 대해서 자세히 강조하여 설명할 필요가 있습니다. 급성스트레스장애와 적응장애의 경우 승인을 받아도 질병의 치료 기간이 짧기 때문에 다른 정신질병도 진단받았

다면 함께 신청하는 것이 좋습니다. 다만, 급성스트레스장애나 적응장애라 하더라도 치료과정에서 치료기간의 연장이 필요하다면 요양기간의 연장도 가능하니, 무리하게 다른 정신질병을 진단받아야 한다는 것은 아닙니다.

○ 자살도 산업재해를 신청할 수 있나요?

산업재해보상보험법은 원칙적으로 자해행위를 업무상 재해로 보지 않지만 "정상적인 인식능력 등이 뚜렷하게 낮아진 상태에서 한 행위로 발생한 경우"는 예외적으로 인정합니다. 이 때문에 고인의 자살이 위의 경우임을 주장하고 증명해야 합니다. 다만 최근에는 예전처럼 환청이나 환시가 있을 정도로 심각한 상태를 요구하지 않고 자살 자체를 정상적인 인식 능력이 뚜렷하게 낮아진 상태에서 한 행위로 보는 경향도 있습니다. 이전에 정신질병으로 진료를 받은 적이 있어야만 자살을 업무상 재해로 인정받을 수 있는 것도 아니기 때문에 과거 진료 이력이 없어도 승인받을 수 있습니다.

대법원 2017. 05. 31. 선고 2016두58840 판결

산업재해보상보험법 제37조제1항에서 말하는 '업무상의 재해'란 업무 수행 중 그 업무에 기인하여 발생한 근로자의 부상·질병·신체장애 또는 사망을 뜻하는 것이므로 업무와 재해 발생 사이에는 인과관계 가 있어야 한다. 그 인과관계는 이를 주장하는 측에서 증명하여야 하 지만, 반드시 의학적·자연과학적으로 명백히 증명되어야 하는 것이 아니며 규범적 관점에서 상당인과관계가 인정되는 경우에는 그 증명 이 있다고 보아야 한다. 따라서 근로자가 극심한 업무상의 스트레스 와 그로 인한 정신적인 고통으로 우울 증세가 악화되어 정상적인 인 식능력이나 행위 선택 능력, 정신적 억제력이 현저히 저하되어 합리 적인 판단을 기대할 수 없을 정도의 상황에 처하여 자살에 이르게 된 것으로 추단할 수 있는 경우라면 망인의 업무와 사망 사이에 상당인 과관계가 인정될 수 있고, 비록 그 과정에서 망인의 내성적인 성격 등 개인적인 취약성이 자살을 결의하게 된 데에 영향을 미쳤다거나 자살 직전에 환각, 망상, 와해된 언행 등의 정신병적 증상에 이르지 않았다 고 하여 달리 볼 것은 아니다.

지금까지 재해경위서를 작성할 때 고려해야 할 점 들을 살펴보았습니다. 산재 신청을 하실 때는 신청 서 한 장만 준비하기보다 별지에 의견서나 재해경위 서라는 이름으로 본인의 업무를 자세히 서술하고, 녹 취, 동료 확인서, 근로계약서, 업무 관련 규정 등 증 거들과 함께 제출하면 신청 상병이 산업재해로 승인 받을 가능성이 높아집니다. 이때 앞서 제시한 근로복

지공단 지침, 판단 기준과 아래 승인 사례들을 참조해 작성하면 도움이 될 것입니다.

③ 정신질병 산업재해 판정 사례

○ 우울증

장시간 노동 및 높은 책임이 부여된 업무 등으로 인한 우울증

〈개요〉
회사 경영악화로 함께 업무를 하던 직원들이 퇴사하고, 재해자 혼자 수행하면서 업무량이 많이 늘어남. 재해 발생 전 재해자는 일평균 14–15시간 근무. 업무 특성상 마감 일자를 지켜야 하고, 높은 책임감이 수반되는 업무이기에 긴장과 스트레스가 매우 높음. 분노 조절이 잘되지 않는 등 증상을 경험, 우울증을 확인하여 산업재해 신청함.

재해조사에서 아래와 같은 내용이 확인됨.
– 재해자의 장시간 노동이 확인됨(일 14–15시간).
– 경영악화로 인해 다수의 직원이 퇴사하여 인력이 부족한 상태임이 확인됨.
– 재해자에게 업무에 대한 책임이 상당히 높게 부여된 점이 확인됨.
– 자해행위, 자살 시도 등 분노 조절이 제대로 되지 않음.
– 업무가 가중되기 전에는 타 정신과 진료 이력이 확인되지 않음.

〈요지〉
신청 상병이 진단되기 전부터 급격한 업무량 증가가 확인되며, 부서의 모든 업무를 혼자 수행하는 등 그 업무가 과중하였고, 업무에 대한 책임감도 매우 큰 것으로 보임. 또한, 업무가 가중되기 이전에는 정신과 진료이력이 확인되지 않으므로, 업무수행에 따른 과로와 스트레스로 인해 신청 상병이 발병하였다고 판단됨.

회사의 과도한 성과 요구 및 부당한 인사명령으로 인한 우울증

〈개요〉
여신업무를 수행하고 있는 재해자는 회사에서 매달 상당한 수준의 목표치를 부여받았으나 이를 달성하지 못함. 회사는 재해자에게 업무능력 부족, 실적 불량 등을 이유로 대기발령, 면직 등 인사 조치를 강행. 이 과정에서 우울증을 진단받고 산업재해로 신청.

재해조사에서 아래와 같은 내용이 확인됨.
– 회사는 매달 일정 수준의 목표치를 부여함.
– 업무능력 부족 등을 이유로 재해자에게 1차 대기발령, 2차 면직 조치를 실시함.
– 대기발령과 면직 조치 모두 노동위원회에서 부당하다고 판단되어 복직함.

〈요지〉
두 차례의 대기발령과 면직 상황, 부당해고 구제 신청을 통한 원직 복귀 등 일반적인 근로자가 받아들이기 어려운 정도의 직무 스트레스에 노출된 점을 고려하면 신청 상병인 우울증을 산업재해로 인정할 수 있음.

○ 불안장애

직장 내 괴롭힘 경험으로 인한 불안장애(공황장애)

〈개요〉
직장 내 괴롭힘 경험 후 불안, 호흡곤란, 가슴 통증, 마비 등 증상이 발생했고, 공황장애로 진단받아 산업재해 신청.

재해조사에서 아래와 같은 내용이 확인됨.
– 직속 상사와의 지속적인 갈등이 확인됨.
– 타 부서 상사와 통화로 언쟁 중 공황장애로 인한 발작 증상을 경험함.
– 계약직이던 재해자는 상사와의 갈등 이후 재계약이 거부됨. 이후 억울함에 두통과 수면장애, 호흡곤란 등 증상을 경험하고 정신과 진료를 받음.

자신에게 악의적인 의도를 가진 것으로 인식하는 직장 상사들에게 노출되는 상황에서 공황장애를 경험하고, 이와 함께 나타난 신체증상들을 파국적인 것으로 잘못 해석함에 따라 신체증상의 강도가 가중되었음. 재해자가 공황장애 발작 증상을 처음 보인 경위 등을 살펴보면 직장 내 상사들과의 관계에서 스트레스를 받았고, 그 스트레스가 공황장애를 악화시키는 계기로 볼 수 있으므로 업무상 재해로 인정함.

고객의 허위사실 제보 및 경찰 조사로 인한 스트레스로 인한 불안장애 (공황장애)

〈개요〉
어린이집 교사로 재직 중인 재해자가 원생을 폭행 및 학대했다는 학부모의 주장. 재해자는 사실이 아니라고 설명했으나, 해당 학부모는 재해자를 범죄자 취급하고 타 학부모들에게 허위사실을 유포. 이후 언론에 제보되어 기사화되기도 함. 재해자는 이 과정에서 불안장애를 진단받고 산업재해를 신청함.

재해조사에서 아래와 같은 내용이 확인됨.
- CCTV 확인 결과 학부모의 주장은 사실이 아님.
- 조사를 위해 경찰이 사업장 내 CCTV를 확인했고 그 상황에 재해자도 동행.
- 재해자가 지속적인 스트레스를 호소함.
- 학부모들과의 간담회 자리에서 학부모들이 재해자에게 위 내용을 문제 제기함.
- 업무시간 도중 호흡곤란 증세 등으로 병원에 입원한 바 있으며, CCTV 모형만 보아도 심각한 거부반응이 발생함.

〈요지〉
사실관계가 확인되지 않은 사항임에도 학부모들이 재해자에 대해 폭언, 의심, 협박을 했고, 이에 재해자가 스트레스를 호소한 바가 있었음이 확인됨. 동료의 원생 학대 사건 이후 정신과 진료를 받은 것이 객관적으로 확인됨. 재해자의 경험상 공황장애의 발병이 가능하며, 업무상 재해로 인정함.

○ 적응장애

회사에서의 부당한 조치로 인한 적응장애

〈개요〉
권고사직 거부 이후 발생한 부당한 인사 조치로 근로자에게 초조 · 불안 증세가 발생함. 재해자는 기존 업무와 관계없는 부서로 전보되어 상당한 스트레스를 받았으며 이후 정신과에서 적응장애를 진단받은 뒤 산업재해 신청.

재해조사에서 아래와 같은 사실이 확인됨.
– 회사가 재해자에게 권고사직을 요구함.
– 권고사직 거부 후 회사가 재해자에게 연속된 정직 처분을 단행함.
– 노동위원회가 재해자에 대한 회사의 정직 처분을 부당징계로 판단함.
– 기존 수행하던 업무와 관계없는 부서로 발령됨.

〈요지〉
부당한 인사명령, 권고사직 요구 등의 업무환경에서 재해자는 지속적으로 업무 스트레스를 받았으며, 당해 요인이 누적되어 상병을 유발했을 가능성이 크다고 판단함. 이와 같은 사정들에 비추어 재해자의 적응장애를 산업재해로 인정함.

○ 외상후스트레스장애

고객으로부터의 폭행 경험으로 인한 외상후스트레스장애

〈개요〉
병원에 근무하는 간호사가 처치 행위 중 환자에게 폭행당함. 사건 경험 후 수면장애가 발생했으며, 외출 시 불안감이 상승하고, 감정 조절이 잘되지 않는 등의 증상을 겪어 정신과 진료를 받음. 외상후스트레스장애를 진단받고 산업재해를 신청함.

재해조사에서 아래와 같은 내용이 확인됨.
– 폭행 현장을 목격한 동료의 진술.
– 과거 유사 폭행 사건 경험.

〈요지〉
재해자는 과거에도 의료 행위 중 주취 환자로부터 폭행을 당했고, 유사한 사건을 재차 경험했음. 이로 인해 외상후스트레스장애가 발병한 것이므로 업무와 상병의 상당인과관계를 인정할 수 있음.

추락사고 목격으로 인한 급성스트레스장애

〈개요〉
재해자는 상사가 10미터 높이의 천장에서 리프트 작업 중 추락하는 사고를 목격함. 이후 수면장애, 공포감, 가슴 통증 등으로 정신과 의사와 상담 후 약물을 복용했으나 근무 중 증상이 심해짐. 급성스트레스장애를 진단받고 산업재해를 신청함.

〈요지〉
작업 중 상사의 추락 사고를 목격한 후 외상성 사건의 재경험, 과각성 등의 양상을 보이고 있음. 심각한 업무스트레스에 노출되었음이 인정되어 신청 상병은 업무상 질병으로 인정됨.

○ 자살

업무 과정에서 발생한 스트레스와 사업장의 대응 미흡으로 인한 자살

⟨개요⟩
보험회사에 재직하던 고인은 고객의 업무처리 과정에서 발생한 문제로 인해 금융감독원의 민원 및 민·형사소송 등 법률분쟁을 경험했음. 사건이 마무리된 이후 업무가 변경되었으나, 업무 수행 시 실수에 대한 두려움 등으로 불면증, 우울증 증상을 경험하다 자택에서 투신해 사망.

재해조사에서 아래와 같은 내용이 확인됨.
– 보험 가입자(사용자)도 재해자가 상당한 스트레스를 받고 있었다는 사실을 진술함.
– 법률분쟁 종료 이후에도 우울증, 불면증 등으로 정신과 진료를 받은 이력이 확인됨.
– 업무상 실수가 발생할까 불안하다는 내용이 담긴 정신과 상담 일지가 확인됨.
– 동료들 역시 법률분쟁 과정에서 재해자의 우울감을 느낄 수 있었다고 진술함.

⟨요지⟩
고인이 법률분쟁 기간 동안 상당한 스트레스를 받았을 것으로 판단됨. 이 과정에서 사업장의 법적 지원 및 대응이 미흡했던 것으로 보임. 이후 심리적 부담감으로 인해 정신적 이상상태에서 자살에 이르게 된 것으로 판단되어 고인의 사망은 업무와의 상당인과관계가 인정됨.

3. 산업재해 신청 이후의 절차

1) 근로복지공단의 재해조사

신청서를 제출하면 근로복지공단이 재해조사를 시작합니다. 근로복지공단에서는 신청 상병의 업무 관련성을 판단하기 위해 업무상질병판정위원회를 구성하고 있습니다. 질병판정위원이 업무 관련성을 판단할 수 있는 기초 자료를 만들기 위해 근로복지공단의 조사담당자가 재해조사 단계를 거칩니다. 조사담당자는 신청 상병의 업무 관련성을 명확하게 파악하기 위해 재해자 등에게 재해문답서 작성을 요구하고, 서면을 통한 충분한 조사가 어렵다면 출석 조사를 통해 재해자 등의 의견을 반영합니다. 출석 조사는 업무 관련성을 더욱 명확하게 조사하기 위해 진행하는 것이므로 가급적 참석하는 것이 좋습니다. 조사담당자는 회사에도 재해자의 신청 상병과 관련한 의견을 묻고 자료에 반영합니다.

근로복지공단은 정신질병 산업재해 조사 시 재해

자의 의무기록 등 여러 자료를 살펴봅니다. 이 과정에서 조사자는 신청 상병 진단 기준에 따라 재해자에게 전형적인 증상이 나타나는지 살펴봅니다. 때로는 정확한 판단을 위해 특진의료기관 진찰을 요구하기도 합니다.

특히 근로복지공단에서는 신청 상병과 관련한 재해자의 임상심리검사 결과를 중요하게 봅니다. 「정신질병 업무 관련성 조사 지침」에 따르면 재해자가 자살해 심리검사 수행이 불가능한 경우가 아닌 한 임상심리검사 결과를 첨부하도록 합니다. 산업재해 신청 시 미리 심리검사 결과를 준비해 제출했더라도, 정신질병 특진의료기관이 아닌 병원 등에서 검사를 실시한 경우라면 다시 특진의료기관의 특별 진찰을 의뢰하기도 합니다.

근로복지공단은 신청된 정신질병 진단 기준에 재해자 증상이 부합하지 않는 경우 ⅰ) 재해자의 증상으로는 당해 상병을 인정할 수 없다는 이유로 불승인 처분하거나, ⅱ) 더 적절하다고 판단되는 정신질병 진단명으로 변경해 업무상 재해 여부를 판단합니다. 정신질병의 경우는 공단이 적극적으로 변경 승인을 하는 것이 바람직합니다. 왜냐하면 진단은 재해를 입은 재해자가 관여할 수 있는 영역이 아니기 때문입니다. 진단이 잘못되었을 때 그로 인한 결과를 재해자 혼자 감내하게 하는 것은 산업재해보험제도의 취지에 맞지 않습니다.

증상과 상병이 부합하지 않아 불승인한 사례

민철 씨의 경우 민원 진행으로 인해 노조 간 갈등이 심했고, 위법행위임에도 불구하고 사업주가 과태료 처분을 민철 씨에게 전가했다. 이에 지속적인 폭력과 업무방해가 발생해 심한 정신적 스트레스와 언어폭력에 의한 모멸감으로 '중등도 우울에피소드'가 나타났다. 그러나 근로복지공단은 정신건강의학과 의무기록·심리검사지·사건 내용을 고려하면 신청인에게 보이는 증상으로 우울증 에피소드 상병을 진단하는 것은 어렵다고 판단했다.

진단명을 변경하여 승인한 사례

진구 씨는 상사로부터 폭언과 위협을 당해 깊은 잠을 자지 못했고, 한번 잠이 깨면 상사의 폭언 모습이 반복적으로 생각났다. 가족에게 예민해지고 홀로 있는 것을 두려워하는 증상이 발생했다. 한 달 동안 식욕 저하로 인해 살이 빠지고, 집중력 저하, 대인관계 악화 등 증상이 있어 '외상후스트레스장애, 비기질성 불면증'으로 산업재해를 신청했다. 그러나 근로복지공단은 사건 내용, 다면적 인성검사지 등 진료기록상 해당 스트레스 반응에 비추어 보아 외상후스트레스 장애, 비기질성 불면증보다는 적응장애의 진단이 타당하다면서 상병명을 변경 승인했다.

2) 업무상질병판정위원회 참석

근로복지공단이 재해조사를 마치면 업무상질병판정위원회에서 업무상 질병인지를 판단합니다. 여기에 참석해 질병판정위원의 질문에 답하고 필요한 경우 설명도 해야 합니다.

업무상질병판정위원회는 전국 6개 지역에 있습니다. 정신질병 산업재해 신청의 심의는 사업장 관할 업무상질병판정위원회에서 이루어집니다. 자살의 경우 기존에는 모든 사건을 서울남부 업무상질병판정위원회에서 다뤘으나, 2021년 하반기부터는 정신질병 사건과 같이 사업장 관할 업무상질병판정위원회에서 판단합니다.

지역질판위	관할지역	지역질판위	관할지역
서울남부 업무상질병판정위원회	● 서울(서울강남, 서울동부, 서울남부, 서울관악, 서울서초지사)	대구 업무상질병판정위원회	● 대구 ● 경북
서울북부 업무상 질병판정위원회	● 서울(서울지역본부, 서울서부, 서울북부, 서울성동지사) ● 강원도 ● 의정부 ● 남양주	경인 업무상 질병판정위원회	● 인천 ● 경기도(의정부, 남양주 제외)

광주 업무상 질병판정위원회	● 광주 ● 전북 ● 전남 ● 제주	경남 업무상 질병판정위원회	● 경남(양산지 사 제외)
대전 업무상질병판정 위원회	● 대전 ● 충북 ● 충남	부산 업무상질병판정 위원회	● 부산 ● 울산 ● 양산

표6. 업무상질병판정위원회 관할지역

　업무상질병판정위원회 심의 개최 전 신청인에게 의견 진술 여부를 확인하는 아래와 같은 문자가 발송됩니다. 문자에서는 기제출한 자료 이외 추가하거나 변경할 내용이 있는 경우에 한정하여 질병판정위원회에 참석할 수 있는 것처럼 표현하지만, 특별한 내용 추가나 변경이 없는 경우에도 질병판정위원회 심의에 참석하여 위원들의 질문에 답변하고, 강조할 업무 부담 내용을 진술하는 것이 판정에 유리합니다.

□ □ □ 고객님(사건번호 2020– □ □ □ □ □ □)께서 요양급여 신청하신 질병은 21.00.00. 00:00시 □ □ 업무상질병판정위원회에서 심의할 예정입니다. 지사에서 조사한 내용 외에 추가 또는 변경할 내용이 있는 경우 위원회에 참석하여 의견을 진술할 수 있음을 알려드립니다.

업무상질병판정위원회 심의 참석 시 재해자의 최종진술 및 답변은 20분 내외로 짧게 이루어집니다. 위원들의 질문이 이어질 경우 다소 길어질 수도 있습니다. 심의는 직업환경의학과 · 정신건강의학과 등 의사, 변호사 · 공인노무사 등 법률전문가, 교수 등으로 구성된 7명의 위원이 수행합니다.

3) 산업재해 승인을 받았을 때

① 산업재해보상보험법상 보상 청구하기

업무상질병판정위원회 심의 결과를 토대로 근로복지공단은 재해자에게 요양급여 신청을 승인 혹은 불승인한다는 처분 결과를 통지합니다. 요양급여 신청이 승인된 경우 재해자는 산업재해보상보험법상 수급할 수 있는 여러 급여를 살펴 근로복지공단에 별도 신청해야 합니다.

산업재해 승인 후 청구를 검토해야 할 산재법상 보험급여 항목들은 아래와 같습니다. 요양비, 휴업급여 등 보험급여의 시효는 3년(장해급여 · 유족급여 · 장례비는 5년)입니다. 따라서 산업재해 신청일로부터 3년 전에 실시한 치료나 휴업은 이미 소멸시효가 완성되어 보상을 청구할 수 없고, 3년 이내의 치료나 휴업에 대한 보상은 청구할 수 있습니다.

항목	내용
요양비	산업재해로 인해 의료기관에서 치료받는 데 소요된 비용 지급(비급여 항목 등 일부 본인 부담 발생 가능)
휴업급여	업무상 사유에 의한 부상 또는 질병으로 취업하지 못한 기간에 대해 1일당 평균임금의 70%를 지급
장해급여	근로자가 업무상 사유로 부상을 당하거나 질병에 걸려 치유되었으나, 신체에 정신적 또는 육체적 장해가 남은 경우(장해등급에 해당될 경우) 지급
간병급여	치료가 끝난 후에도 간병인이 필요해 간병이 행해졌을 때 간병 필요성 정도에 따라 지급
유족급여	근로자가 업무상 사유로 사망한 경우 그 당시 부양하고 있던 유족에게 지급 – 원칙적으로 유족보상연금을 수령할 수 있으며, 연금수급권자가 없는 등 예외적인 경우에 한해 평균임금 1,300일분의 유족보상일시금 지급 가능 – 연금수급권자가 원하는 경우 유족보상일시금의 절반을 한 번에 수령하고, 이에 따라 50% 감액된 유족연금을 수령하는 방식 선택 가능

장례비	근로자가 업무상 사유로 사망한 경우 장제 실행자에게 소요 비용을 지급 유족이 장제를 지낸 경우 평균임금의 120일분을 지급 유족이 아닌 사람이 장제를 지낸 경우 실제 비용 지급
상병보상연금	요양급여를 받는 근로자가 요양 개시 후 2년이 경과되어도 치유되지 않고 중증 요양상태(1-3급)에 해당하는 경우 휴업급여 대신 지급

표7. 산업재해보상보험법상 보험급여 항목

② 민법상 손해배상 청구하기

산업재해보상보험법에 따른 보험급여와 별도로 재해자 또는 유가족은 민법상 손해배상을 청구할 수 있습니다. 업무상 재해에 따른 민사상 손해배상을 청구하는 경우 민법상 불법행위 책임 또는 채무불이행 책임을 묻게 됩니다. 예를 들면 회사가 민사상 불법행위를 하거나 노동자에 대한 안전배려의무를 위반해 재해자가 업무상 재해 또는 자살에 이르렀다면, 이로 인해 발생한 직접적 손해(치료비, 입원 중 식대, 통원을 위한 교통비 등)와 간접적 손해(계속 일할 수 있었더라면 지급받았을 임금, 산업재해보험에서 휴업급여를 지급받았다면 임금총액의 약 30%), 정신적 손해(위자료)에 대해 배상을 청구할 수 있습니다. 다만, 노동자에게 과실이 있더라도 보험급여가 지급되는 산업재해보험제도와는 달리 민사상 손해배상 청구에서는 노동자의 과실 비율을 반영합니다. 노동자의 과실 비율은 사건마다 다르기 때문에 손해배상액 산정, 소송 진행 등에 대해서는 변호사의 도움을 받는 것을 권장합니다.

③ 치료받고 있는 병원이
산업재해 지정병원인지 확인하기

앞서 살펴본 바와 같이 노동자가 업무상 사유로 부상을 당하거나 질병에 걸린 경우 치료비 개념의 요양급여를 받을 수 있습니다. 그러나 근로복지공단은 산업재해로 승인된 이후92에는 산재법상 지정된 산업재해보험 의료기관에서 요양한 경우만 요양급여(요양비)를 지급한다는 원칙을 고수하고 있습니다. 즉, 산업재해 승인 이후 요양급여를 받기 위해서는 산업재해보험 지정 의료기관에서 치료받아야 합니다. 산업재해 승인 전 계속하여 치료받던 병원이 산업재해보험 지정 의료기관이 아니라면 승인 이후에는 일반적으로 산업재해보험 지정 의료기관으로 '전원 신청'을 해 치료를 이어가야 요양급여를 받을 수 있습니다.

계속 치료받을 병원이 산업재해보험 지정 의료기관인지는 재해자가 직접 근로복지공단 홈페이지에서 검색[93]하거나 해당 병원에 확인해야 합니다. 참고로 2020년 기준 전국 55,069개의 의료기관 중 산업재해보험 지정 의료기관은 약 9%인 5,203개에 불과합니다. 의료기관의 특성 및 지역 분포를 고려할 때 재해자들이 체감하는 의료기관 선택 제한의 폭은 더욱 클 것입니다. 물론 요양급여 청구를 포기하고 산업재해보험 비지정 의료기관에서 치료를 선택할 수도 있습니다. 그러나 산업재해 승인 후 비지정 의료기관에서 이루어진 치료에 대해서는 건강보험 역시 적용되지 않아 재해자에게 상당한 치료비 부담이 발생하는 불합리한 상황이 발생할 수 있습니다.

산업재해보험 비지정 의료기관에서의 치료에 요양비를 지급하지 않는 현재의 산업재해보험제도, 비지정 의료기관 요양의 건강보험 적용 배제 등 사회보험으로서 작동해야 할 산업재해보험과 건강보험의 사각지대에 관해 지속적으로 개선이 요구되고 있습니다.

4) 불승인되었을 때 해야 할 일

불승인을 받아들이면 추가로 해야 할 일은 없습니다. 하지만 더 다투어보고 싶으시다면 세 가지의 방법이 있습니다. ① 근로복지공단 본부에 재판단을 요청하는 심사청구 ② 고용노동부 소속 산업재해보험 재심사위원회에 판단을 요청하는 재심사청구 ③ 법원을 통해 근로복지공단 처분의 부당함을 다투는 행정소송입니다. 먼저 근로복지공단에 정보공개를 청구해 최초 신청이 불승인된 근거를 확인하는 편이 좋습니다. 주요 정보공개청구 대상은 ① 근로복지공단 지사의 재해조사서 ② 업무상질병판정위원회 판정서 ③ 업무상질병판정위원회 개별 위원 심의서[94] ④ 회사 문답서 등입니다.

단, 심사, 재심사, 행정소송 모두 불승인 알림을 받고 90일 내(초일 불산입)에만 할 수 있습니다. 기간이 지나지 않도록 조심해야 합니다.

불복 절차	담당 기관	제척기간
심사청구	근로복지공단 본부	알림을 받은 다음 날부터 90일 이내
재심사청구	산업재해보상보험 재심사위원회	알림을 받은 다음 날부터 90일 이내
행정소송	관할 행정법원	알림을 받은 다음 날부터 90일 이내

표8. 산업재해 불승인 시 불복 절차

4. 정신질병의 업무상 재해 판단 경향에 대한 개선점

산업재해보험법의 취지나 판례와는 다르게 근로
복지공단은 개인의 과실에 의해 발병한 정신질병의
산업재해 인정에서 소극적인 모습을 보여 왔습니다.
「정신질병 업무 관련성 조사지침」의 '업무 관련성 조
사 체크리스트'는 ⅰ) 사고와 관련하여 본인의 고의
또는 법이나 규칙 위반이 있었는지 ⅱ) 법적 문제나
감사 등에 연루된 사건인지를 조사하도록 하고 있습
니다. 이 과정에서 재해자의 과실이 있다고 확인되면
산업재해 인정에 부정적인 요소로 작용했습니다. 그
러나 이러한 근로복지공단의 태도는 잘못된 것입니
다. 개인의 과실 여부와 관계없이 '업무 때문에' 발병
했다면, 산재법의 본래 취지인 '무과실 책임 원칙'에
따라 해당 정신질병을 산업재해로 인정해야 합니다.

'개인의 과실'에 대한 판단과 마찬가지로 개인이 정
신질병에 취약한 성격인 경우도 근로복지공단이 산
업재해 승인을 부정하는 근거가 되었습니다. 해당 업
무를 수행할 때 통상적으로 발생하는 스트레스 수준

임에도 불구하고 정신질병이 발병했다고 보거나, 업무상 스트레스가 확인되더라도 일반적으로 용인 가능한 수준의 스트레스라고 판단해 산업재해를 불인정하는 경우가 종종 확인됩니다.

이러한 근로복지공단의 판단 경향은 재해자별로 업무상 스트레스에 대한 감수성이 다르게 적용될 수 있고, 산업재해 인정 시 재해자의 '건강과 신체조건'을 기준으로 판단해야 한다는 산업재해보험제도의 기본 취지에 반하는 것입니다. 스트레스에 취약한 성격이 불승인의 근거로 제시될 것이 아니라, 업무상 스트레스에 대한 개인적 감수성을 고려해 정신질병의 업무 관련성을 인정하는 방향으로 검토되어야 할 것입니다.

최근 정신질병에 관한 관심이 증가하고 있으며, 현대인의 정신질병을 더 이상 개인의 문제가 아닌 업무와 조직의 문제로 보는 관점의 변화가 시작되고 있습니다. 이러한 사회적 경향에 부합해 법원 판례 또한 정신질병 및 자살의 업무 관련성을 판단할 때 일반 노동자가 아닌 재해자의 건강과 신체조건으로 판단하고, 개인적 취약성이 있더라도 업무상 스트레스로 인해 정신질병 발병이나 자살에 이른 경우 업무 관련성을 인정하는 경향으로 변화하고 있습니다. 근로복지공단의 정신질병의 업무 관련성 판단 경향 또한 판례의 경향을 반영해 긍정적인 방향으로 개선되어 왔습니다. 이를 반영하듯 근로복지공단의 정신질병 산업재해의 승인율도 지난 2015년 30.7%에서 최근 69.2%로 높아졌습니다.

다만 산업재해 인정기준이 일관되게 확립된 것은 아니기 때문에 판정위원 구성이 어떻게 이루어지느냐에 따라 판단이 달라질 수 있습니다. 동일한 상황에서 발생한 정신질병이라 하더라도 판정위원 구성에 따라 산업재해 승인 여부가 달라지며, 그 사유도 정확히 알기 어려운 경우가 허다합니다. 이러한 문제점을 개선하기 위해서는 정신질병·자살 재해자 및 유가족들의 적극적인 산업재해 신청으로 신청 건수를 늘림으로써 근로복지공단이 많은 사건 사례를 바탕으로 명확한 기준을 확립하게 해야 합니다. 즉, 현재는 정신질병 및 자살의 산업재해 신청 건수 자체가 적기 때문에 승인율은 과거보다 상승했으나 일관된 판단이 이뤄지고 있지 않다는 것입니다.

자살에 한정했을 때 한국에서 1년에 약 13,000명이 자살로 생을 마감하며 경찰청 조사에 따르면 이 중 4%가 '직장 또는 업무상의 문제'로 자살한 것으로 결론짓게 됩니다. 업무상의 이유로 1년에 약 500명이 자살을 선택하는 것입니다. 그러나 자살의 산업재해 신청 건수는 2018년 이후 매년 60여 건에 그칩니다.[95] 500건 중 60건이라는 숫자는 무엇을 의미할까요? 업무상 문제로 자살한 사람의 유가족 대다수가 산업재해 신청을 망설이고 포기하고 있다는 것입니다. 정신질병도 마찬가지입니다. 물론 한국 사회에서 정신질병 및 이로 인한 자살에 대한 사회적 낙인이 여전해 쉽사리 산업재해 신청으로 나아가지 못하는 구조적 문제가 있음은 사실입니다. 그러나 정신질병 및 자살의 업무 관련성 판단 기준의 변화는 당사자인 재해자와 유가족을 비롯한 현장의 노력으로 앞당길 수 있습니다. 그런 점에서 재해자나 유가족의 적극적인 산업재해 신청이 중요합니다. 업무를 이유로 발생한 정신질병이나 자살이 더 이상 개인의 문제로 귀결되지 않고 업무, 회사, 사회의 문제로서 정당하게 보상받을 수 있도록 용기를 내기 바랍니다.

5장

일하다 마음 다치지 않는
직장을 위해

한국에서 일과 관계된 정신건강이나 자살에 대한 사회적 인식이 높아지고 관심도 많아졌다고 하지만, 주된 관심의 방향이 아직 '예방'에 와 있지는 않은 것 같습니다. 주로 정신질환이 발생하게 된 자극적 사건이나 일과 관련된 누군가의 '죽음'이 회자되는 식입니다. 그나마 최근에 이르러 산재 보상이 가능한지 혹은 산재 판정이나 재판에서 다툰 내용이 알려지는 수준입니다. 정작 '어떻게 직장에서 정신건강을 유지할 수 있을까', '직장은 어떻게 노동자의 정신건강을 보호, 증진할 수 있을까'라는 중요한 질문은 뒷전입니다. 어쩌면 일하면서 마음 상하지 않는 직장은 불가능하다고 생각해 일찌감치 포기하기 때문일까요? 쉬운 길은 아니지만 누군가 정신건강에 큰 해를 입기 전에, 직장생활이 너무 괴롭고 두려워지지 않도록, 심지어 스스로 죽음을 생각하지 않도록 우리가 할 수 있는 일이 무엇인지 고민해봅시다.

1. 사업주의 의무, 노동자의 권리

일하다 마음을 다치지 않는 직장을 만들기 위해 제일 먼저 강조하고 싶은 것은 노동자가 임금을 받고 약속된 노동시간 동안 노동력을 제공하며 사업주가 지시한 일을 하기로 했다고 해서 일하는 동안 자신의 안전이나 인격, 권리를 모두 포기한다는 뜻은 아니라는 점입니다. 당연한 말인 것 같지만, 어떤 직장은 이렇게 생각하기 어려울 정도의 끔찍한 노동환경을 제공하기도 합니다.

사업주는 일을 시키는 대신, 최소한 노동자가 그 일을 하는 동안 안전하고 건강하게 일할 수 있는 조건을 제공해야 합니다. 이래야 노동자는 일을 마친 후 자기 생활을 하고 다음 날 다시 노동할 힘이 남습니다. 이것은 다른 사람의 노동력을 이용해 이윤을 추구하는 자본주의 사회가 유지되려면 기본적으로 지켜져야 할 약속입니다. 안전하고 건강하게 일할 수 있는 직장은 사업주에게는 반드시 제공해야 하는 의무이고, 노동자에게는 반드시 보장받아야 할 권리라는 뜻입니다.

하지만 이런 약속은 쉬이 지켜지지 않습니다. 작은 경제적 이익이나 행정 편의 때문에 안전 규정을 무시하는 사업주와 직장은 많고, 이 때문에 다치거나 건강을 잃는 노동자도 많습니다. 그래서 사업주가 노동자에게 제공해야 하는 안전과 관련된 의무를 다양한 법으로 규정하고 있습니다. 그리고 이는 신체적 안전과 건강뿐 아니라 정신적 건강에도 똑같이 적용됩니다.

이 중 한국 사회에서 가장 기본이 되는 법은 산업안전보건법입니다. 산업안전보건법은 '산업재해를 예방하고 쾌적한 작업 환경을 조성함으로써 노무를 제공하는 사람의 안전 및 보건을 유지·증진'하기 위한 법입니다. 해당 법에서 정한 사업주의 의무에는 노무를 제공하는 사람의 '신체적 피로와 정신적 스트레스 등을 줄일 수 있는 쾌적한 작업 환경의 조성 및 근로조건 개선'도 포함됩니다.

제5조(사업주 등의 의무) ① 사업주(제77조에 따른 특수형태근로종사자로부터 노무를 제공받는 자와 제78조에 따른 물건의 수거·배달 등을 중개하는 자를 포함한다. 이하 이 조 및 제6조에서 같다)는 다음 각 호의 사항을 이행함으로써 근로자(제77조에 따른 특수형태근로종사자와 제78조에 따른 물건의 수거·배달 등을 하는 사람을 포함한다. 이하 이 조 및 제6조에서 같다)의 안전 및 건강을 유지·증진시키고 국가의 산업재해 예방정책을 따라야 한다. 〈개정 2020. 5. 26.〉

1. 이 법과 이 법에 따른 명령으로 정하는 산업재해 예방을 위한 기준

2. 근로자의 신체적 피로와 정신적 스트레스 등을 줄일 수 있는 쾌적한 작업 환경의 조성 및 근로조건 개선

3. 해당 사업장의 안전 및 보건에 관한 정보를 근로자에게 제공

산업안전보건법에 있는 다양한 사업주 의무를 규정한 시행규칙이 '산업안전보건기준에 관한 규칙'입니다. 여기에는 직무 스트레스에 의한 건강장해를 줄이기 위해 사업주가 해야 할 일이 구체적으로 제시되어 있습니다. 예를 들어 직무 스트레스 요인에 대해 평가를 시행하고 개선대책을 마련할 것, 업무량 등

작업계획을 세울 때 노동자의 의견을 반영할 것, 휴식을 적절하게 배분하는 등 노동시간 조건을 개선할 것 등이 포함됩니다.

제669조(직무 스트레스에 의한 건강장해 예방 조치) 사업주는 근로자가 장시간 근로, 야간작업을 포함한 교대작업, 차량운전[전업(專業)으로 하는 경우에만 해당한다] 및 정밀기계 조작 작업 등 신체적 피로와 정신적 스트레스 등(이하 "직무 스트레스"라 한다)이 높은 작업을 하는 경우에 법 제5조제1항에 따라 직무 스트레스로 인한 건강장해 예방을 위하여 다음 각 호의 조치를 하여야 한다.

1. 작업 환경 · 작업내용 · 근로시간 등 직무 스트레스 요인에 대하여 평가하고 근로시간 단축, 장 · 단기 순환작업 등의 개선대책을 마련하여 시행할 것
2. 작업량 · 작업일정 등 작업계획 수립 시 해당 근로자의 의견을 반영할 것
3. 작업과 휴식을 적절하게 배분하는 등 근로시간과 관련된 근로조건을 개선할 것
4. 근로시간 외의 근로자 활동에 대한 복지 차원의 지원에 최선을 다할 것

5. 건강진단 결과, 상담자료 등을 참고하여 적절하게 근로자를 배치하고 직무 스트레스 요인, 건강문제 발생 가능성 및 대비책 등에 대하여 해당 근로자에게 충분히 설명할 것
6. 뇌혈관 및 심장질환 발병위험도를 평가하여 금연, 고혈압 관리 등 건강증진 프로그램을 시행할 것

산업안전보건법이나 산업안전보건기준에 관한 규칙에서 '직무 스트레스'는 다루지만, '노동자 정신건강'을 분명하게 다루지 않는 점은 아쉽습니다. 산업안전보건법의 '보건조치'는 사업주가 취해야 할 다양한 보건조치를 포괄적으로 규정하고 위반 시 벌칙도 엄격한 조항입니다. 여기에 방사선 등에 의한 건강장해, 인체 부담 작업에 의한 건강장해 등 다양한 건강장해를 언급하면서도(제39조) 직무 스트레스와 이로 인한 정신건강 문제는 아직 담겨 있지 않습니다. 산업안전보건법이 만들어지던 시절, 재래형 사고 중심의 노동안전보건 문제에 대한 관심을 반영한 조항이어서 사무직·서비스직이 늘어나고 있는 산업 변화, 스트레스가 가장 중요한 건강 유해 요인이 되고 있는

노동환경의 변화를 반영하지 못한 법의 현실이기도 합니다. 앞으로 노동자의 정신건강을 좀 더 명시적으로 보호하기 위한 법적 변화가 필요합니다.

제39조(보건조치) ① 사업주는 다음 각 호의 어느 하나에 해당하는 건강장해를 예방하기 위하여 필요한 조치(이하 "보건조치"라 한다)를 하여야 한다.

1. 원재료 · 가스 · 증기 · 분진 · 흄(fume, 열이나 화학반응에 의하여 형성된 고체증기가 응축되어 생긴 미세입자를 말한다) · 미스트(mist, 공기 중에 떠다니는 작은 액체방울을 말한다) · 산소결핍 · 병원체 등에 의한 건강장해

2. 방사선 · 유해광선 · 고온 · 저온 · 초음파 · 소음 · 진동 · 이상기압 등에 의한 건강장해

3. 사업장에서 배출되는 기체 · 액체 또는 찌꺼기 등에 의한 건강장해

4. 계측감시(計測監視), 컴퓨터 단말기 조작, 정밀공작(精密工作) 등의 작업에 의한 건강장해

5. 단순반복작업 또는 인체에 과도한 부담을 주는 작업에 의한 건강장해

6. 환기 · 채광 · 조명 · 보온 · 방습 · 청결 등의 적정기준을 유지하지 아니하여 발생하는 건강장해

그나마 최근 고객응대 노동자들의 감정노동이나

고객과의 관계에서 발생하는 작업장 폭력 등이 사회적 이슈가 되면서, '고객의 폭언 등으로 인한 건강장해 예방조치'가 산업안전보건법에 담기게 되었습니다. 이 조항은 판매직, 콜센터 등 고객 응대를 담당하는 노동자들의 오랜 요구와 투쟁으로 만들어진 조항으로 '감정노동자 보호법'이라고 불리기도 합니다. 하지만 감정노동 자체와 감정노동을 둘러싼 회사의 정책이 노동자 건강에 미칠 수 있는 영향을 다루기보다는 고객의 '폭력'을 규율하기 위한 조항에 더 가까운 것이 사실입니다. 폭언·폭행이 없더라도 지나친 감정 통제와 감정 부하가 많은 상황은 노동자의 정서적 소진, 정신건강 저해, 생산성 저하 등으로 이어진다는 점이 이미 잘 알려져 있습니다. 폭언과 폭행을 금지하는 것이 최소한의 조치라면, 앞으로 감정노동과 관련한 논의가 고객의 폭력 예방 중심에서 노동자 중심으로 확장돼야 합니다. 이는 감정노동을 회사들이 활용하는 과정에서 노동자들의 인권이 침해되지는 않는지, 과도한 감정 통제로 고통스럽지 않은지, 적절한 수준의 감정 부하인지, 업무에 필수적인 감정

통제라면 그로 인한 노동자의 부담은 어떻게 완화시
킬지 등입니다.

> **제41조(고객의 폭언 등으로 인한 건강장해 예방조치)** ①
> 사업주는 주로 고객을 직접 대면하거나 「정보통신망 이
> 용촉진 및 정보보호 등에 관한 법률」 제2조제1항제1호에
> 따른 정보통신망을 통하여 상대하면서 상품을 판매하거
> 나 서비스를 제공하는 업무에 종사하는 근로자(이하 "고
> 객응대근로자"라 한다)에 대하여 고객의 폭언, 폭행, 그
> 밖에 적정 범위를 벗어난 신체적 · 정신적 고통을 유발하
> 는 행위(이하 "폭언 등"이라 한다)로 인한 건강장해를 예
> 방하기 위하여 고용노동부령으로 정하는 바에 따라 필요
> 한 조치를 하여야 한다.
> ② 사업주는 고객의 폭언 등으로 인하여 고객응대근로자
> 에게 건강장해가 발생하거나 발생할 현저한 우려가 있는
> 경우에는 업무의 일시적 중단 또는 전환 등 대통령령으
> 로 정하는 필요한 조치를 하여야 한다.
> ③ 고객응대근로자는 사업주에게 제2항에 따른 조치를
> 요구할 수 있고, 사업주는 고객응대근로자의 요구를 이유
> 로 해고 또는 그 밖의 불리한 처우를 해서는 아니 된다.

노동자들의 근로조건을 규정하는 가장 기본법인
근로기준법에도 노동자 정신건강과 관련한 규정이

있습니다. 근로기준법 제6장 안전과 보건은 내용을 모두 산업안전보건법으로 이관했는데, '제6장의2 직장 내 괴롭힘의 금지'라는 장이 2019년 신설되었습니다. 이 장은 2017~2018년 직장 내 괴롭힘과 이로 인한 노동자 정신건강 저해, 자살, 직장갑질 호소 등 사회적 이슈가 연달아 발생하면서 직장 내 괴롭힘을 규율하기 위한 법적 조치가 따로 필요하다는 문제의식에 따라 신설됐습니다.

근로기준법은 직장 내 괴롭힘을 '직장에서의 지위 또는 관계 등의 우위를 이용하여 업무상 적정범위를 넘어 다른 근로자에게 신체적·정신적 고통을 주거나 근무환경을 악화시키는 행위'로 정의합니다. 또한 직장 내에서 이런 일이 발생했을 때 사업주가 신고를 받아 조사하고, 피해자와 괴롭힘 행위자에게 적절한 조치를 해야 한다고 정하고 있습니다. 근로기준법에 담기다 보니 노동법상 근로자에 해당하지 않는 노동자들은 보호 대상이 되지 않는다는 문제가 있습니다. 흔히 '특수고용노동자'라고 불리는 경우입니다. 회사에서 하라는 일을 하지만 노동 제공 방법, 시간 등은 본인이 일부 결정할 수 있거나 정해진 사무실에서 일하지 않는 노동자 중 일부는 '임금' 대신 '수수료'를 받는 방식으로 근로기준법상의 '근로자' 지위를 갖지 못하는 경우가 있습니다. 특히 다양한 돌봄 노동자들이 이런 형태로 일하기도 하는데, 이런 경우 이 법의 보호를 받을 수 없다는 점은 문제입니다.

만약 근로기준법의 적용을 받는 노동자라 하더라도, 법 조항의 내용 중 처벌 규정은 신고인 혹은 피해 노동자에게 불리한 처우를 해서는 안 된다는 내용뿐입니다. 또한 법에서 사건이 발생하기 전 예방을 위해 사업주가 해야 할 내용을 담지 못하고 있다는 점도 아쉽긴 합니다. 괴롭힘 행위자가 사업주인 경우 처리가 난감하기도 하지요. 역시 법 개정이 필요한 부분입니다. 하지만 한국 사회 직장에 만연해 있던 반인권적 노동 과정에 문제를 제기하며 '직장 내 괴롭힘'이라는 이름을 붙이고, 관련 내용을 취업규칙에 담도록 강제함으로써 정신적으로 고통받던 노동자들이 피해를 드러낼 기회를 주었다는 점은 분명한 성과입니다.

제6장의2 직장 내 괴롭힘의 금지 〈신설 2019. 1. 15.〉

제76조의2(직장 내 괴롭힘의 금지) 사용자 또는 근로자는 직장에서의 지위 또는 관계 등의 우위를 이용하여 업무상 적정범위를 넘어 다른 근로자에게 신체적·정신적 고통을 주거나 근무환경을 악화시키는 행위(이하 "직장 내 괴롭힘"이라 한다)를 하여서는 아니 된다.

제76조의3(직장 내 괴롭힘 발생 시 조치) 〈개정 2021. 4. 13.〉
① 누구든지 직장 내 괴롭힘 발생 사실을 알게 된 경우 그 사실을 사용자에게 신고할 수 있다.
② 사용자는 제1항에 따른 신고를 접수하거나 직장 내 괴롭힘 발생 사실을 인지한 경우에는 지체 없이 당사자 등을 대상으로 그 사실 확인을 위하여 객관적으로 조사를 실시하여야 한다.
③ 사용자는 제2항에 따른 조사 기간 동안 직장 내 괴롭힘과 관련하여 피해를 입은 근로자 또는 피해를 입었다고 주장하는 근로자(이하 "피해근로자등"이라 한다)를 보호하기 위하여 필요한 경우 해당 피해근로자등에 대하여 근무장소의 변경, 유급휴가 명령 등 적절한 조치를 하여야 한다. 이 경우 사용자는 피해근로자등의 의사에 반하는 조치를 하여서는 아니 된다.
④ 사용자는 제2항에 따른 조사 결과 직장 내 괴롭힘 발생 사실이 확인된 때에는 피해근로자가 요청하면 근무장소의 변경, 배치전환, 유급휴가 명령 등 적절한 조치를 하여야 한다.

⑤ 사용자는 제2항에 따른 조사 결과 직장 내 괴롭힘 발생 사실이 확인된 때에는 지체 없이 행위자에 대하여 징계, 근무장소의 변경 등 필요한 조치를 하여야 한다. 이 경우 사용자는 징계 등의 조치를 하기 전에 그 조치에 대하여 피해근로자의 의견을 들어야 한다.

⑥ 사용자는 직장 내 괴롭힘 발생 사실을 신고한 근로자 및 피해근로자 등에게 해고나 그 밖의 불리한 처우를 하여서는 아니 된다.

⑦ 제2항에 따라 직장 내 괴롭힘 발생 사실을 조사한 사람, 조사 내용을 보고받은 사람 및 그 밖에 조사 과정에 참여한 사람은 해당 조사 과정에서 알게 된 비밀을 피해근로자등의 의사에 반하여 다른 사람에게 누설하여서는 아니 된다. 다만, 조사와 관련된 내용을 사용자에게 보고하거나 관계 기관의 요청에 따라 필요한 정보를 제공하는 경우는 제외한다.

경제활동인구라면 깨어 있는 동안 대부분의 시간을 보내는 공간인 직장은 자살 예방에서도 중요한 역할을 합니다. 그래서 '자살예방 및 생명존중문화 조성을 위한 법률'에서도 사업주의 책무를 따로 규정하고 있습니다. 이 법에 따라 사업주는 국가나 지방자치단체의 자살예방정책에 협조해야 할 뿐 아니라, '노동자의 정신적인 건강 유지'를 위해서도 필요한 조치를 취해야 합니다.

제5조(사업주의 책무) ① 사업주는 국가 및 지방자치단체
가 실시하는 자살예방정책에 적극 협조하여야 한다.
② 사업주는 고용하고 있는 근로자의 정신적인 건강 유지
를 위하여 필요한 조치를 강구하도록 노력하여야 한다.

법에 이런 내용이 담겨 있다는 게 무슨 소용이냐
싶을 때도 있고 아직 아쉬운 점도 많지만, 법은 노동
자의 무기가 되기도 합니다. 사업주는 법률에 기반해
직무 스트레스를 줄이고 노동자 정신건강을 증진하
기 위한 활동을 해야 하고, 노동자나 노동조합은 이
를 위한 대책을 요구하고 함께 만들어 가야 합니다.

2. 직장 내 정신건강 증진을 위한 접근

법에 이런 내용이 있다고 하더라도 곧바로 우리 직장, 회사에서 무엇을 해야 할지 곧바로 알려주는 것은 아닙니다. 직장 내 정신건강 증진을 위해 어디서부터 어떻게 실천할지 지금부터 구체적으로 살펴보겠습니다.

1) 순서대로, 체계적으로 접근

직장 내 정신건강 증진을 위한 접근은 결국 직무 스트레스를 어떻게 다루느냐의 문제입니다. 직무 스트레스도 다른 안전보건 위험 요인에 대한 평가(위험성 평가)와 마찬가지로 순서대로, 체계적으로 이루어져야 합니다. 현재 상태를 평가하고 위험성의 정도를 정해 개선의 우선순위를 정한 후, 이에 따라 개선 작업을 시행해 결과를 다시 평가하는 과정이 순환하면서 직장 내 스트레스를 개선해 나가야 합니다. 실제로 독일 등에서는 전체적인 사업장 위험성 평가에 정신적 스트레스를 통합하여 평가하고 있습니다.

① 인식 단계

인식 단계에서는 직무 스트레스, 정신건강 등에 대한 구성원들의 인식을 점검하고 교육 등을 실시할 수 있습니다. 직무 스트레스를 '일하다 보면 그럴 수도 있지'라고 가볍게 생각하고 있지는 않은지, 직장 내 괴롭힘을 규정하기 위한 '적정한 업무범위'를 넘어서는 괴롭힘에 대해 공통의 인식이 마련되어 있는지, 공통의 스트레스 요인에 대해 개별적인 대응으로만 버티고 있는 것은 아닌지, 스트레스에 취약한 노동자에 대해 '유리멘탈' 등의 낙인이 성행하고 있는 것은 아닌지 확인하고 인식 변화를 위해 개입해야 합니다.

② 실태 평가

이런 인식을 바탕으로 직무 스트레스와 정신건강 수준에 대한 실태를 평가합니다. 감정노동, 작업장 폭력, 일터괴롭힘 등 다양한 직무 스트레스 요인에 관해 표준화된 평가도구가 나와 있습니다. 직무 스트레스 전반을 포괄적으로 평가할 수 있는 '한국형 직무 스트레스 평가도구'도 있습니다. 앞서 1장에서 몇 가지 직무 스트레스 평가 모형을 설명했습니다. 이미 개발되어 있는 평가도구를 활용해 우리 직장의 직무 스트레스 수준을 다른 회사 혹은 같은 직종 내 평균과 비교하면 문제의 심각성을 파악하고 개선 우선순위를 정하는 데 도움이 됩니다.

직무 스트레스 현황뿐 아니라 이로 인한 정신건강 수준, 이직 의도, 자살 생각 등도 확인해보아야 합니다. 직무 스트레스 요인과 그 부정적 결과에 대한 심층 분석을 통해 부정적 결과에 가장 큰 영향을 미치는 '우리 일터의 결정적 직무 스트레스'가 무엇인지 찾아볼 수도 있습니다. 이런 실태 평가 과정에서 설문조사 외에 노동자들의 의견을 직접 청취하는 과정도 포함된다면, 직무 스트레스나 정신건강 상황을 좀 더 정확하게 파악할 수 있을 것입니다. 물론 이 경우 비밀 보장과 조사자에 대한 신뢰가 전제되어야 합니다.

직무 스트레스 평가를 위한 도구 중 몇 가지는 안전보건공단 홈페이지(kosha.or.kr) 등에서 제공받을

그림1. 직무 스트레스의 체계적 접근

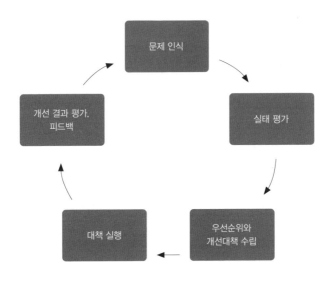

수 있습니다. 간략한 평가는 꼭 전문가의 도움이 필요하지 않을 수 있습니다. 다만 결과 해석이 어려울수 있으므로, 해당 직장 문제에 더 적합하고 필요한평가를 하기 위해 도움받을 수 있는 전문가가 있다면활용할 것을 추천합니다. 보건관리자·보건관리대행기관 등에 요청할 수 있고, 50인 미만 사업장은 지역

근로자건강센터 등에 문의하면 무료로 도움을 받을 수 있습니다.

③ 우선순위와 개선대책 수립

실태 평가를 통해 여러 직무 스트레스 중 어떤 것이 문제인지, 현재 정신건강 수준이 어느 정도인지 파악되었다면 개선 과제를 정해야 합니다. 보통 여러 가지 문제가 얽혀 있는 경우가 많지만, 이 가운데 우선순위를 정하고 각각의 과제에 대한 개선대책을 수립해야 합니다.

개선 우선순위는 다양한 기준으로 정해질 수 있습니다. 가장 '크고 중요한' 문제를 먼저 개선하는 것이 보통이지만, 당장 개선이 어렵다면 작더라도 변화를 가져올 수 있는 것부터 시작할 수도 있습니다. 회사 내에서 이슈가 되고 있는 문제가 있다면 이를 먼저 다뤄 관심을 촉발할 수도 있습니다. 중요한 것은 이런 결정 과정에 당사자인 노동자가 반드시 참여해야 한다는 것입니다. 노동자가 원하지 않거나 중요하지 않다고 생각하는 과제를 먼저 다루면, 회사의 생색내기에 그치고 돈과 시간을 들여도 원하는 효과를 거둘 수 없게 됩니다. 노동자도 이런 점을 설득하면서 개선 방향과 우선순위 결정에 적극 참여해야 합니다. 또한 개선 과제에 대한 목표가 분명하게 제시되어야 합니다. 질적이든 양적이든 목표가 있어야 추후 평가도 가능하고 지속적인 개선 활동의 기반이 될 수 있습니다.

④ 대책 실행

개선대책을 수립했다면 실행 계획도 반드시 함께 논의해야 합니다. 대책 실행을 위한 인력과 예산을 수립해야 하고, 실행과 관련된 시간 계획도 세워져야 합니다. 이를 중간 점검하기 위한 체계도 필요합니다. 산업안전보건위원회[96]나 노사협의회[97] 등 노사 간 논의 구조가 활성화되어 있다면 이런 회의체계를 활용할 수 있습니다. 직무 스트레스와 정신건강 증진을 위한 TF 등을 만들어 추진하고 있다면, 실제 예산과 집행에 영향력을 끼칠 수 있는 사람을 포함해 진행을 점검할 수 있는 과정을 만들어둬야 합니다. 대책 실행 과정에서 경영진, 관리자, 노동자들의 참여를 각각 어떻게 독려할 것인지도 고민이 필요합니다. 이들 각각은 관심사나 이해관계가 다르기 때문에 서로 다른 방식과 논리로 설득해야 할 수 있습니다.

⑤ **개선 결과 평가, 피드백**

실제로 개선대책을 수립해 실행해보았다면, 계획했던 기간이 지난 후 결과를 평가하고 피드백하는 과정을 가집니다. 애초 세웠던 목표에 기반해 평가가 이루어지도록 하고 이후 새로운 과제를 발굴하거나 개선 사업을 지속할지 여부를 결정하는 데 도움이 되도록 노력합니다. 직무 스트레스를 줄이거나 정신건강을 증진하는 것은 한두 번의 사업으로 달성할 수 없기 때문에 지속적인 노력이 필요합니다. 직장 내 사람들이 수긍할 수 있는 평가는 이후 사업을 계속할 동력이 됩니다. 이를 위해 평가에서도 설문조사나 면접조사 등 다양한 방법의 활용이 필요합니다.

직장 내 정신건강 체계적 접근 사례: 00지하철

① 문제인식 단계: 00시 지하철을 운행하는 00회사에서 기관사들이 연달아 공황장애, 우울증 등을 진단받고, 심지어 자살하는 일이 발생했습니다.

② 실태 평가: 질병을 진단받은 개별 노동자가 아니라 노동환경에서 개선 과제를 찾아야 한다고 생각한 기관사들이 노동조합과 함께 회사에 실태조사를 요구합니다. 이에 회사 내 모든 기관사들에 대해 직무 스트레스와 정신건강 실태조사가 이루어졌습니다(2007년). 이 결과 정신건강 상태가 매우 좋지 않은 기관사가 다수 발견되었고, 먼저 공황장애를 진단받은 기관사들이 연달아 업무 관련성을 인정받기도 합니다.

③ 우선순위와 개선대책 수립: 정신건강과 관련이 높은 요인으로 운전 중 사상사고 경험 등이 지적되었고, 혼자 지하철을 운전하는 1인 승무제도 역시 개선 과제로 떠올랐습니다. 다른 지하철 운행회사와 달리 이 회사에서 이렇게 정신건강 위험이 높은 이유가 기관사 홀로 운전과 안전, 승객 서비스 등을 모두 책임지기 때문이라는 것이었습니다. 그러나 사상사고를 줄이기 위한 지하철역 안전문 도입에는 노사가 합의했지만, 2인 승무 제도 도입에는 합의하지 못했습니다.

④ 대책 실행: 사상사고를 줄이기 위해 지하철역 안전문이 도입되었고, 사고가 발생했을 때 기관사가 '피의자' 신분으로 조사받지 않도록 하는 등 대책이 실시되었습니다.

⑤ 개선 결과 평가와 피드백: 일상적인 개선 결과 평가와 피드백이 잘 이루어지지는 않았습니다. 안전문 도입 이후 몇 년 뒤, 다시 기관사 자살 사건이 발생했고 그제야 다시 실태조사가 수행되었습니다. 안전문이 생겼지만 아차사고 경험, 권위적 조직문화, 고위험군 관리 등 여러 문제점이 남아 있었음을 확인했습니다. 이후 작업장 기반의 노동자 정신건강 관리를 위해 사내에 정신보건 전담센터를 개소했습니다. 회사가 고용한 의사, 간호사, 임상심리사 등이 상주하며 개별 노동자 혹은 노동자 가족의 심리 상담과 치료를 지원하고 조직 차원의 정기적인 직무 스트레스 검사와 작업 복귀 프로그램, 정신건강 증진 프로그램 등을 시행하고 있습니다.

00지하철 회사의 정신건강 관리 프로그램 도입 과정은 체계적인 접근으로 문제 해결을 도모하고 먼저 실행한 개선 방안 이후 추적조사와 추가 개선까지 진행된 사례입니다. 이 과정에서 노동자 당사자들의 요구와 참여가 개선 방안 마련에 기여했습니다. 동시에 노사가 개선대책에 대해 굉장히 다른 의견을 가질 수 있다는 점도 보여주었습니다.

2) 1차, 2차, 3차 예방

건강관리의 수준을 크게 세 가지로 나눕니다. 전반적인 건강 증진으로 질병이 발생하기 전에 예방하는 것을 1차 예방이라고 합니다. 흔히 말하는 식이조절, 금연, 절주 등이 포함될 수 있습니다. 이 단계를 넘어 질병이 발생했다면, 조기에 발견해 최대한의 건강 유지를 목표로 하는 것을 2차 예방관리라고 합니다. 증상이 있기 전에 정기적으로 위내시경 검사나 대장내시경 검사를 하고, 혹시 암이 생겼더라도 최대한 일찍 발견해 치료하자는 것이 좋은 사례입니다. 3차 예방은 이미 질병이 발생한 상태에서 질병의 나쁜 영향을 줄이고, 치료와 재활로 삶을 다시 영위하는 활동입니다. 사고나 질병으로 감각기관에 장애가 생겼다면 이전과 똑같은 방식으로 살 수는 없지만, 적절한 보조기기를 활용하거나 새로운 기술을 배워 최대한 자신이 원하는 삶을 살 수 있도록 합니다.

한 사회나 개인에게 예방관리 활동은 세 가지 모두 필요합니다. 각각의 예방 활동이 더 강조되는 시기나

그림2. 1, 2, 3차 예방의 예시

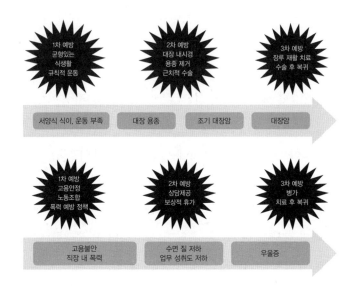

이슈가 있을 뿐입니다. 작업장 내 건강 증진 활동, 특히 정신건강 증진 활동도 마찬가지로 1차, 2차, 3차 예방으로 나누어 살펴볼 수 있습니다. 세 가지 예방 관리 활동이 모두 필요하다는 점도 마찬가지입니다. 대신 직장 내 정신건강 증진 활동에서는 조금 더 폭넓은 의미로 사용됩니다. 자세히 살펴보면 다음과 같습니다.

① 1차 예방

1차 예방은 질병 또는 병적 상태가 발생하기 전 단계에서의 개입입니다. 개별 노동자가 스트레스 상황에 대처할 수 있는 힘을 길러준다든지, 작업장 내 정신건강의 위험 요인으로 작용하는 물리적·사회심리적 작업 환경을 개선하는 활동입니다. 업무량이나 프로세스를 조절해 장시간 노동을 개선하는 것, 직장 내 괴롭힘이나 직장 내 성폭력을 용인하지 않는다는 방침을 미리 세우고 회사 구성원들의 인식을 모으는 것, 모멸감을 주는 평가나 성과 측정 방식을 지양하고 민주적인 피드백 체계를 만드는 것 등이 모두 포함될 수 있습니다. 정신건강 문제에 대한 이해를 넓히고 직장 내 인식 수준을 높이기 위한 활동도 여기 포함됩니다.

정신건강에 문제가 있는 당사자뿐 아니라 회사 전체의 이해와 분위기를 변화시키는 것입니다. 전체 노동자를 대상으로 한 교육이나 캠페인이 정신건강 문제가 있는 당사자에게 도움이 되는 경우도 있습니다. 정신건강이나 질병에 대한 오해 때문에 스스로 문제가 있다고 판단하고도 적절한 치료를 구하지 못한 상황일 수 있기 때문입니다. 본인 스스로도 인식하지 못하던 문제를 조직 차원의 실태조사나 교육을 계기로 깨달을 수도 있습니다.

② 2차 예방

정신건강에서 2차 예방은 아직 정신질환이 발생한 것은 아니지만, 직무 스트레스가 높고 정신건강에 해를 미칠 위험이 높은 노동자들을 미리 돕는 활동이 포함됩니다. 특별히 스트레스가 높은 노동자, 예를 들어 불만 고객과 전화 상담을 하는 노동자나 업무 도중 화재나 사상사고를 목격한 노동자를 대상으로 인지행동치료, 스트레스 대응 교실, 분노 조절 방법에 대한 교육 등을 실시할 수 있습니다. 이는 개별 노동자의 스트레스 또는 업무로부터 오는 정신건강 유해 요인에 대한 반응을 조절하고 개선하기 위한 것입니다.

특정 질병을 진단받을 수준은 아니지만, 다양한 정신적 고통을 호소하는 노동자들에게 휴식이나 상담을 제공하는 것도 2차 예방 활동이 될 수 있습니다. 직장 내에서 산재사고가 발생하는 경우 주변 노동자 모두를 대상으로 정신적 충격 정도를 측정하고 필요한 경우 지원하는 활동, 직장 내 괴롭힘 사건이 발생하면 당사자가 질병을 진단받기 전이라도 즉시 지원하는 활동도 2차 예방 활동에 들어갈 수 있습니다. 이미 높은 스트레스에 노출되었더라도 조기에 지원함으로써 스트레스가 질병으로 이어지지 않도록 돕는 것입니다(1장에서 말씀드린 대로 모든 직무 스트레스가 정신질환으로 이어지지는 않습니다).

③ 3차 예방

3차 예방은 업무로 인한 정신질환이 발생한 상태에서 질병의 나쁜 영향을 최소한으로 줄이고 원활히 치료받을 수 있도록 지원하는 활동입니다. 정신질환이 이미 발생한 노동자의 경우 원인이 질병에 있든 그렇지 않든 직장 내 스트레스가 질병을 악화시킬 수 있고, 예전보다 스트레스에 더 취약해질 수도 있기 때문입니다. 사업장 내에 정신질환을 유발하거나 악화시킬 요인이 있다고 생각될 경우, 이런 요인으로부터 해당 노동자가 회피할 수 있도록 하거나 업무를 조절해 부담을 줄여나가는 것 등입니다. 치료나 회복에 필요한 충분한 병가를 제공하는 것, 업무와 관련된 사건 때문에 발생한 정신질환이라면 산업재해 보상을 포함한 지원을 제공하는 것, 업무를 하면서 치료받는 것이 가능한 노동자의 경우 동료들로부터 질병을 이유로 낙인찍히지 않도록 하고 꾸준히 치료받을 수 있도록 지원하는 것도 포함됩니다.

3차 예방에는 치료뿐 아니라 재활과 복귀 개념도 포함됩니다. 일시적으로 휴직이 필요한 노동자에게 휴직을 제공하는 것뿐 아니라, 노동자가 충분한 재활 치료를 받고 가능하면 원 직장에 복귀하는 것까지 회사와 조직이 함께 고민하면 좋을 것입니다. 근골격계 질환으로 휴직했다가 복귀하는 노동자에게 업무 부담을 조금씩 늘리는 적응 기간을 제공하는 것처럼 정신질환으로 휴직 후 복귀하는 노동자에게도 업무량을 조금씩 늘리는 기간을 둘 수 있습니다. 당분간 정규 시간보다 조금 짧게 일하거나, 특정한 스트레스

부담이 적은 부서로 배치하는 것도 성공적인 복귀를 돕는 방법 중 하나입니다. 물론 결정 과정에서 노동자 자신의 판단과 선호가 가장 중요합니다. 이 노동자에게 적합한 일을 제공한다는 명목으로 차별적 대우가 벌어져서는 안 됩니다. 우리는 진단명이 아니라 사람에 초점을 맞춰야 합니다. 바로 '그' 노동자가 무엇을 할 수 있고 없는지, 그의 현재 역량에 기반해 업무상 문제나 이슈를 평가하고 접근해야 합니다.

일반적으로 회사 차원에서 노동자 정신건강을 관리한다고 하면 2차 예방과 3차 예방을 떠올립니다. 직무 스트레스 자체를 줄이겠다는 시도는 무모해 보이고 구체적인 방법도 잘 떠오르지 않는데, '고위험군'에게 상담을 제공하거나 치료를 지원하는 일은 상대적으로 손쉬우며 이미 상품화된 해결책도 많기 때문입니다. 그러나 2차, 3차 예방에 중점을 둔 개인수준의 중재(정신적 자원 향상, 대처기법 개선, 스트레스 관리 훈련)에 비해 1차 예방에 중점을 둔 조직 수준의 중재(업무 재구성, 업무량 감소, 의사소통 향상, 물리적 작업 환경)가 더 효과적이라는 보고가 많이 있습니다.[98] 직무 스트레스가 높아지고 정신질환이 발병한 뒤의 조치보다 애초에 직무 스트레스를 높지 않은 수준으로 관리하는 것, 노동자에게 적정한 업무를 부과하고 적당한 재량권을 부여하는 것이 훨씬 효과적이라는 것입니다.

물론 이러한 근본적인 접근이 간단한 일은 아닙니다. 직무 스트레스를 호소하는 직원에게 심리 상담을 지원하거나 감정노동의 소진감을 토로하는 직원에게 휴가를 주는 것은 상대적으로 쉽습니다. 직무 스트레스가 덜 발생하도록 업무량과 프로세스를 조절하고 각각의 노동자들에게 재량권을 더 많이 부여하는 것, 감정노동을 덜 하도록 회사의 판매 전략을 바꾸는 것은 그동안 당연하게 여긴 회사의 생산 방식을 바꾸는 것이기 때문에 훨씬 어렵습니다. 하지만 어려워 보이는 접근이 결국 더 효율적일 때가 많습니다. 앞서 예로 든 00지하철도 1차 예방을 위한 노력인 1인 승무 제도 폐지에 더 힘을 기울였다면, 10년 뒤 다시 연달아 발생한 자살을 막을 수 있지 않았을까요? 1, 2, 3

차 예방 중 어느 한 가지에 치우치지 않는 종합적인 접근이 필요합니다.

3) 포괄적 접근

1, 2, 3차 예방 중 어느 한 가지에만 집중한다고 문제를 해결할 수 없듯이 직장 내 정신건강 증진 활동은 여러 직무 스트레스 중 어느 한 문제에만 집중해서는 해결할 수 없습니다. 예를 들어, 감정노동을 수행하는 것으로 잘 알려진 콜센터 노동자들에게도 주요한 정신건강 위험 요인이 감정노동이기만 한 것은 아닙니다. 낮은 급여나 불안정한 고용 때문에 불안감이 높아질 수도 있고, 일거수일투족을 감시당하기 때문에 스트레스가 심할 수도 있습니다.

이 중 하나만 해결한다고 정신건강 수준이 나아지지 않기도 하지만, 더 중요하게는 이런 직무 스트레스 요인들이 서로 연계된 경우가 많아 포괄적으로 접근해야 효과적인 개선책을 찾을 수 있습니다. 직장 내 괴롭힘이 심각할 때 '가해자'를 징계하는 것만으로는 문제 해결이 어렵습니다. 팀별 성과 평가에 따른 급여 차이가 너무 커서 팀 내 저성과자나 신규 직원이 괴롭힘을 당하는 것이라면, 해결책은 '성과 평가 비중 감소' 혹은 '성과 평가에 따른 급여 차이 감소'가 되어야 합니다.

주로 여성인 콜센터 노동자들의 불안정한 고용이나 고객으로부터의 폭력 혹은 감정노동 문제는 한국 사회에서 여성 노동자가 처한 지위, 노동 조건과 따로 떼어 생각할 수 없습니다. 그래서 노동자 건강 문제와 관련이 적어 보이는 페미니즘 교육이 건강하게 일하는 데 도움을 줄 수도 있습니다.

문제를 좁혀 일반적으로 말하는 '직무 스트레스'에 한정하더라도, 1장에서 살펴본 것처럼 직무 스트레스는 6가지 혹은 8가지 영역으로 나누어 분석할 수 있습니다. 기존의 여러 연구 결과에 따라 어떤 틀을 사용해도 좋고 자신의 직장에서 중요한 문제라고 생각되는 스트레스 요인에 집중하는 것도 좋지만, 스트레스와 정신건강 유해 요인을 평가하거나 개선 과제를 세울 때 어느 한 쪽에 치우치지 않아야 합니다. 예를 들어 위험한 작업 환경이나 소음 노출 환경 등의 물리적 환경은 그 자체로 직무 스트레스의 주요 원인입니다. 노동자들의 가장 큰 스트레스원이 물리적 환경이라면, 해당 문제를 다루지 않고 사회심리적 요인에만 집중했을 때 원하는 결과를 얻을 수 없을 것입니다.

영국 산업안전보건청에서 제안한 내용99을 기반으로 업무요구도, 업무재량권, 지지와 지원, 관계, 역할, 변화, 작업 환경이라는 7가지 주제 영역으로 나누어, 각각의 영역에서 성취해야 할 목표를 제안하고자 합니다. 영국에서는 노동안전보건과 관련된 부담 중 절반가량을 직무 스트레스로 인한 문제가 차지한다고 보아, 직무 스트레스를 관리하기 위한 여러 자료나 도구를 제공하고 있습니다. 이들 내용을 체크리스트로 만들어, 주기적으로 점검하며 추이를 살피는 것도 도움이 되리라 생각합니다.

○ 업무요구도

노동자는 스스로 대처할 수 있는 수준의 업무를 요구받아야 합니다. 업무요구도와 관련된 개인의 어려움을 호소할 수 있는 체계가 있어야 합니다.

- 조직이 부여하는 업무량이 약속된 시간 내에 성취 가능하고 적정한가?
- 일하는 사람들의 기술과 능력이 업무 요구에 부합하는가?
- 업무는 일하는 사람의 능력 내에서 설계되어 있는가?
- 일하는 사람들은 업무 환경과 관련된 우려를 호소할 수 있는가?

○ 업무재량권

노동자는 스스로 하는 일의 양이나 방법에 대해 의견을 개진할 수 있어야 합니다. 이런 의견이 받아들여지는 체계가 있어야 합니다.

- 노동자가 자신의 일의 속도를 조절할 수 있는가?
- 노동자가 창의적으로 일하거나 기술을 발휘할 수 있도록 장려받는가?
- 노동자는 새로운 일을 수행하기 위해 새로운 기

술을 발전시킬 기회를 제공받는가?

- 조직이 노동자의 기술 증진을 독려하는가?
- 노동자들이 본인의 작업과 관련해 의견을 개진할 수 있는가?
- 노동자들이 쉬고 싶을 때 쉴 수 있는가?

○ 지지와 지원

노동자는 회사, 관리자, 동료로부터 적절한 정보를 제공받아야 합니다.

- 조직 내에 노동자를 적절히 지원하기 위한 정책과 체계가 있는가?
- 회사 관리자가 노동자 지원을 독려하고 돕는가?
- 회사에서 동료들이 서로 지원할 것을 독려하고 돕는가?
- 노동자는 업무상 도움이 필요할 때 도움받는 방법을 알고 있는가?
- 노동자는 어떤 도움을 언제 어떻게 얻을 수 있는지 알고 있는가?
- 노동자는 건설적인 피드백을 정기적으로 받고

있는가?

○ 관계

노동자는 자신이 직장 내 괴롭힘처럼 용인할 수 없는 행동의 대상이 되어서는 안 된다는 점을 명확히 알고 있어야 합니다. 조직이 이런 문제에 대응할 수 있어야 합니다.

- 조직은 업무 중 갈등을 피하고 공정함을 보장하는 데 도움이 될 만한 행동을 장려하는가?
- 노동자들이 일과 관련된 정보를 서로 충분히 공유하고 있는가?
- 조직은 직장 내 괴롭힘 문제에 대한 정책과 문제 발생 시 대처 방안을 가지고 있는가?
- 조직은 관리자가 직장 내 괴롭힘과 같은 문제를 다룰 수 있도록 지원하는가?
- 조직은 노동자들이 직장 내 괴롭힘과 같은 문제를 당할 경우, 보고하도록 격려하는가?

○ 역할

노동자는 자신의 역할과 책임을 분명히 인지하고 있어야 합니다. 조직이 이에 관해 응답할 수 있어야 합니다.

- 조직은 각각의 노동자에게 가능한 한 서로 다른 역할을 부여하고 있는가?
- 조직은 노동자가 자신의 역할과 책임을 알 수 있도록 업무기술서 등 필요한 정보를 제공하는가?
- 조직은 노동자들에게 부여하는 요구가 가능한 명확하도록 노력하는가?
- 노동자가 모호한 업무, 역할 갈등, 책임 불명확 등의 문제에 부딪쳤을 때 문제를 제기할 수 있는 체계가 있는가?

○ 변화

노동자는 조직적 변화가 진행될 때, 관련 내용을 자세히 전달받고 참여할 수 있어야 합니다. 조직은 이런 우려를 받아들여야 합니다.

- 조직이 노동자에게 제안된 변화의 원인을 적절

한 시점에 충분히 설명하고 있는가?

- 조직이 변화에 대한 노동자의 의견을 경청하고, 결정 과정에 노동자의 의견을 반영하고 있는가?
- 노동자는 변화가 가져올 영향에 대해 잘 알고 있는가? 필요한 경우 적응 훈련을 받을 수 있는가?
- 노동자는 변화의 시간 계획을 알고 있는가?
- 노동자는 변화 과정 동안 필요한 지원이 있을 경우 접근이 가능한가?

○ 작업 환경

노동자는 안전한 작업 환경에서 일하고 있다는 확신이 있어야 하고 위험이 있다고 생각될 경우 작업을 멈출 수 있어야 합니다. 조직에는 안전에 대한 노동자의 우려를 받아들이고 반영할 통로가 있어야 합니다.

- 노동자는 자신이 하는 일에서 어떤 위험이나 사고가 있을 수 있는지 알고 있는가?
- 노동자는 업무상 사고나 질병이 예방 가능하고 예측 가능하다는 사실을 알고 있는가?

– 노동자는 사고나 질병이 발생했을 때 어떻게 대처해야 하는지 알고 있는가?
– 노동자는 안전과 보건 관련 조직의 결정 과정에 참여하여 의견을 개진할 수 있는가?
– 조직은 노동자의 안전과 보건 관련 책임이 일차적으로 사업주에게 있다는 것을 인지하고 있는가?

제시한 질문이나 체크리스트, 설문조사 도구로 우리 직장의 문제가 무엇인지 분류나 분석이 가능해졌다면, 앞서 '체계적'이라고 설명한 방법대로 문제 중 우선순위를 정하고 개선대책 수립과 실행, 평가 순서대로 적용해봅니다.

떠오르는 여러 대책이나 방법을 1차, 2차, 3차 예방으로 나누고 세 가지 접근이 고르게 담길 수 있도록 개선대책을 설계합니다. 한 번에 여러 가지 대책을 실행하기 어렵다면 처음에는 한두 가지에 집중할 수 있겠지만, 그럴 때에도 나머지 예방관리 전략들이 다음번에는 꼭 실행될 수 있도록 염두에 두어야 합니다.

이렇게 직장 내 정신건강 문제를 발견하고 대책을 수립해 실행해보는 과정이 직장 내 정신건강 증진 활동의 기본입니다.

3. 정신건강 문제가 있는 사람과 함께 지내기[100]

직장 내 정신건강 증진은 반드시 일 때문에, 업무나 직장 내 동료관계가 원인인 정신건강 문제를 예방하는 것만은 아닙니다. 원인이 무엇이든 정신건강에 문제가 있는 사람이나 새로 문제가 발생하는 경우 일을 지속할 수 있도록 돕는 것도 포함됩니다. 2장에서 살펴본 대로 정신질환은 꽤 흔한 문제이기 때문입니다. 일생에 단 한 번이라도 정신질환을 경험하는 사람의 비율은 25%가량으로 네 명 중 한 명에 해당할 정도입니다. 애초 경미한 정신질환을 가진 상태로 입사할 수도 있고, 지내다 보니 업무 스트레스 때문에 발병할 수도 있으며, 직장생활은 즐겁지만 개인적인 문제 때문에 새로운 질병이 나타날 수도 있습니다. 그러니 어떤 이유에서든 누군가 정신건강에 문제가 있거나 취약한 상태가 되었을 때, 그럼에도 불구하고 이들이 자신의 능력 내에서 업무와 동료 관계에 기여하며 함께할 수 있어야 합니다. 이는 우리 중 누구든 겪을 수 있는 상황에 대한 대비이기도 합니다.

게다가 정신건강이든 신체건강이든 장애가 있는 사람은 이를 이유로 채용·승진·전보 및 교육훈련 등에서 차별받아서는 안 된다고 법률에 규정되어 있습니다. 사업주는 장애인에 대한 직장 내 편견을 없애고 장애인 노동자가 안정적으로 일할 수 있게 해야 한다는 법적 의무도 있습니다.[101] '노동자의 능력'이나 '회사의 사정'을 핑계로 건강 문제에 대한 차별이 정당화되지 않으려면, 정신건강 문제가 있는 노동자와 어떻게 함께 일해 나갈지 고민해야 합니다.

1) 정신질병에 대한 낙인과 공포 다루기

"정신과에 가면 등록이 되어 취업이나 혜택을 못 받겠죠? 병원에 가는 것이 불편하고 무서워요. 가족들도 괜찮아질 테니 사람들에게 말하지 말라고 해요. 힘들어하는 나를 누군가가 알게 된다면… 그들의 보이지 않는 시선이 두렵습니다."

국립정신건강센터에서 정신질병에 대한 낙인을 다루면서 인용한 글입니다. 한국 정신보건법은 '모든 국민이 정신질환으로부터 보호받을 권리'를 지니고 '모든 정신질환자는 인간으로서의 존엄과 가치를 보장받고 최적의 치료를 받을 권리'를 지닌다고 규정하고 있지만, 한국 사회에서 정신건강에 대한 낙인과 공포는 여전히 적지 않습니다.

국립정신건강센터에서 2015년부터 2018년까지 정신건강에 대한 인식 및 태도를 조사한 바에 따르면, 응답자의 약 64% 정도는 '정신질환이 있는 사람들도 정상적인 삶을 살 수 있다'라고 대답했습니다. 약 70%는 '우울증은 치료가 가능하다'라고, 50% 이상의 사람들이 '정신과 치료를 받은 경험이 있는 사람들과 같이 일할 수 있다'라고 응답했습니다. 하지만 동시에 60% 이상의 응답자가 '정신질환이 있는 사람은 그렇지 않은 사람보다 더 위험한 편이다'라고 했으며, 약 35% 정도의 응답자만이 '정신질환자 이용 시설이 우리 동네에 들어와도 받아들일 수 있다'라고 답했습니다.

정신질병이 다른 신체질병과 특별히 다른 무언가는 아닙니다. 정신질병도 다른 신체질병과 마찬가지로 누구나 어떤 계기로 걸릴 수 있습니다. 따라서 이러한 낙인과 공포는 질병에 걸렸을 때 빠른 진단과 대응을 막아 증상을 악화시키거나 중증질환자의 자발적 치료를 방해합니다. 또한 질병 경험이 있어도 이를 숨기게 되어 지역사회에서 정신질환자와 어울려 사는 삶에 대한 긍정적 경험을 쌓을 기회를 방해하기도 합니다.

정신질병이라고 뭉뚱그리기에는 상태에 따라 일상생활에 미치는 영향의 크기 역시 매우 다양합니다. 앞서 언급했듯이 우리나라 성인 4명 중 1명은 평생 한 번 이상 정신질병을 앓습니다. 또한 성인 15% 이상은 평생 한 번 이상 심각하게 자살을 생각한 적이 있다고 합니다. 이렇게 많은 사람을 '정신질환자'로 묶어 업무나 학업, 생활에 제약을 받게 할 수는 없습니다. 같은 진단명의 환자여도 치료와 처한 상황 등에 따라 증상과 일상생활의 기능 제약이 천차만별입니다. 특정 진단명이 중요한 것이 아니라 당장 이 사람이 어떤 구체적인 문제를 겪고 있는지, 업무에 어떤 영향을 미치는지를 중심으로 판단해야 합니다.

물론 이런 편견이나 낙인은 전 사회적으로 형성되어 있어 쉽게 벗어나기 어렵습니다. 낙인과 공포가 없는 척하기보다는 꺼내놓고 다루는 게 낫습니다. 정신건강과 질환에 대해서 잘 몰라 오해나 편견이 강화되기도 하니 노동자들, 특히 관리자들을 대상으로 정신건강과 정신질환, 자살 등에 대한 교육을 실시합니다. 정신질병을 근거로 차별하면 안 된다는 법적 의무를 주지하고, 정신질환 때문에 심각한 문제가 생겼을 때 회사 차원에서 지원할 수 있다는 체계를 만들어 안내하는 일도 필요합니다. 이 과정은 언제나 정신질환을 가진 사람을 존중한다는 원칙 아래 진행돼야 합니다. 이를 통해 정신적 문제를 가진 노동자가 위축되는 일 없이 적절히 치료받고, 회사에서 제공하는 도움도 충분히 누리면서 업무를 지속할 자신감을 가질 수 있습니다.

2) 문제가 심각해지기 전에 대화하기

거듭 강조하지만 누군가 정신건강에 문제가 생긴

다면 정신질병 진단과 관계없이 주변에서 먼저 알고 빨리 대화를 시작하는 것이 좋습니다. 이때 많은 전문가는 당사자가 일상생활에서 구체적으로 어려운 점이 무엇인지 발견하고 이를 다루기 위해 노력하라고 조언합니다. 어떤 진단명에 합당한가는 업무 능력이나 질병 예후를 예측하는 데에 의외로 중요한 단서가 아닙니다. 우울증인지 조현병인지 규명하는 것보다 원래 조절할 수 있던 증상이 심해져 업무에 지장을 주는가가 더 중요하다는 것입니다.

정신건강이 나빠지는 초기 신호에는 다양한 양상이 있습니다. 예전보다 업무 성취가 떨어지는 것, 웃음을 잃거나 쉽게 우는 등의 감정 변화, 알코올·담배 및 약물 사용 증가, 잦은 지각이나 병가 사용 등이 모두 노동자의 정신건강 상태가 좋지 않다는 사인일수 있습니다. 전과 달리 많이 피곤해하거나, 식사를 자주 거르거나, 자연스러운 친교 시간을 회피하고 혼자 지내려 하는 등의 변화도 눈여겨봐야 합니다. 이럴 때 특히 특정 업무나 환경에 처한 사람들이 영향 받고 있는지도 살펴야 합니다. 특정 프로젝트에 관련된 사람 중 상당수가 부정적인 경험을 하고 있다면, 그 일에 원인이 있는 건 아닌지 점검해보고 해당 문제를 개선해야 합니다.

아직 문제가 심각해지기 전이라면, 일반적인 업무 논의 등의 과정에서 열린 질문으로 대화를 시도합니다. 먼저 판단하지 않으려고 노력하면서 힘든 일이나 도울 일이 있는지 탐색하는 것이 좋습니다. 직장생활을 하면 누구나 스트레스를 받지만 모든 사람이 스트레스에 같은 영향을 받지 않는다는 점을 분명히 하고, 스트레스를 심하게 받는 경우 업무를 조정해 도움을 구할 수 있음을 알려줍니다. 업무에서 발생한 압력을 견뎌내는 것은 일뿐 아니라 개인적인 상황과도 연관됩니다. 그럼에도 일 때문에 정신건강 문제가 생기면 이는 산업재해이고, 이를 예방하는 것은 사업주와 직장의 책임입니다. 업무 조정이 문제가 커지기 전에 노동자를 도울 수 있는 효과적인 예방책임을 사업주와 노동자 모두 인식해야 합니다.

정신건강 문제가 몸이 아픈 것으로도 드러나기 때문에 갑작스러운 병가가 잦아지는 것은 정신건강과 관련된 부정적인 신호일 수 있습니다. 그래서 병가 사용 이후 간단한 면담을 추천합니다. 어떤 이유로든 잘 다녀왔는지, 남은 문제는 없는지 간단한 면담 절차가 있다면 평소 노동자들의 상태를 살필 수 있고, 그 과정에서 정신건강 문제를 발견할 기회도 얻을 수 있습니다.

이때 많은 노동자가 대화를 꺼릴 수 있다는 점을 염두에 두어야 합니다. 본인이나 타인의 안전문제가 있는 경우를 빼고는 반드시 비밀 유지를 약속하고 이것이 보장되는 환경에서 대화를 시도합니다. 정신질병과 관련된 낙인을 두려워할 수 있기 때문입니다. 당장 어렵다면 다른 때라도 찾아오라고 제안하고, 당사자가 원한다면 지지자 · 친구 · 가족과 함께 만날 수도 있게 합니다. 성별, 나이, 직책이나 업무 등에서 말하기 편한 사람이 나설 수도 있습니다. 처음 상담뿐 아니라 업무를 조정하는 등 지원이 진행될 때도 다른 직원들과 이 내용을 어떻게 공유할지 물어봐야 합니다. 개인의 질병과 관련된 사항은 꼭 비밀이 보장되어야 합니다. 악선전이나 따돌림이 발생한다면 행위자를 제어하고 확산을 막기 위해 빠르고 효과적으로 대응해야 합니다.

전문가가 필요한 상황이라고 판단되면 빠르게 도움을 구하는 것도 중요합니다. 회사 내 대화 등으로 문제가 해결되지 않을 때 적절한 도움을 받도록 권유합니다. 나 자신이나 익숙한 환경이 갑자기 낯설게 느껴지는 등 현실감이 떨어지는 상태, 일상생활에 영향을 미칠 정도로 우울감이 심각한 경우, 환각이나 환시처럼 정신병적 증상이 나타나거나 극도로 활력이 올라가는 경우 등은 전문가의 도움이 필요한 상황입니다. 이럴 때는 조용한 곳에서 차분하게 친구나 가족, 주치의 등과 연락해 도움받을 것을 제안합니다. 당사자가 원한다면 병원 예약이나 방문을 도울수도 있습니다. 환각이 심해 대화가 안 될 정도라면 즉각적인 의료 개입이 필요한 상황이므로 119 등의 도움을 얻어야 합니다.

동료들에게 어떻게 알릴지도 확인합니다. 숨기기보다는 신체건강 문제처럼 솔직히 다루길 추천하고, 대신 낙인을 막기 위한 노력을 약속하고 실제로도 노력해야 합니다. 건강 문제가 있는 노동자가 병가를 쓰는 경우 병문안을 원하는지도 미리 확인하고 이에 따라 적절히 관계를 유지합니다. 병가의 기간이나 연장 가능성, 급여 지불 여부, 병가 도중에도 처리해야 할 행정적 문제 등 관련 규정이 있다면 시작 시점에 명확히 해두는 것이 좋습니다.

비교적 증상이 가벼울 때도 노동자 한 명의 정신적인 불건강 상태는 다른 동료 노동자들에게 영향을 미칠 수 있습니다. 회사 혹은 상급자는 다른 노동자들에게 영향이 없는지, 유사한 문제로 고통받고 있는 노동자가 있는지 면담 등으로 탐색하는 것이 바람직합니다. 상담치료를 제공하는 등 더 적극적인 정신건강 증진 활동을 직장 차원에서 실시할 수도 있습니다. 다만 상담은 너무 길지 않게, 특정한 문제 해결 중심으로 접근할 때 성공적이라고 알려져 있습니다.

정신질병을 진단받거나 자살이 발생하고 난 뒤, 동료들이 뒤늦게 '그때 이렇게 달라졌었는데, 힘들어 보였는데'라며 문제가 심각해지기 전에 돕지 못한 점을 아쉬워하기도 합니다. '질병'이나 '자살'에 주목하기 전에 일상적인 스트레스나 업무 부담에 집중하며 노동자를 지원하는 체계가 수립된다면 결과적으로 더 큰 문제를 효과적으로 예방할 수 있습니다.

3) 병가 중인 노동자 지원하기

만일 누군가 증상이 심해지거나 직장생활을 유지하기 어려워 병가를 가면 남아 있는 사람들도 해야 할 역할이 있습니다. 병가 중인 사람도 우리의 동료니까요. 병가 동안 연락하지 않는 게 배려라고 생각할 수 있지만, 전문가들은 정신건강 문제로 병가를 떠난 사람과 적절한 연락 유지가 매우 중요하다고 강조합니다. 병가를 가는 당사자에게도 병가 기간 동안 연락을 지속하는 것이 의무임을 미리 주지하는 것이 좋습니다. 병가 기간이나 상황에 따라 연락을 취해야 할 최소한의 주기나 빈도를 미리 약속하고 지키도록 합니다. 보건관리자 등 담당자가 있으면 역할을 나누어 맡을 수 있습니다. 지속적인 연락 유지가 조율되지 않은 연락을 무시로 한다는 뜻은 아닙니다. 담당

자뿐 아니라 다른 동료들의 연락을 받는 것이 괜찮은지 묻고 이를 존중하는 것이 좋습니다. 전화 대신 문자메시지나 이메일을 이용하는 등으로 당사자의 압박을 줄일 수 있습니다. 지속적인 연락의 의미는 직장과 동료들이 당신을 잊지 않았고, 선입견 없이 복귀를 응원하고 있다는 메시지를 전달하는 것입니다.

병가 중이라면 고용 유지 문제나 경제적 곤란 등 실질적인 문제에 새로 마주칠 수도 있습니다. 연락을 하며 이런 실용적인 문제를 다뤄 병가 중인 노동자를 도울 수 있습니다. 열린 질문으로 상태를 파악하고 관리자가 도울 수 있는 것이 있는지 묻습니다. 복귀 계획도 함께 조금씩 세워나가는 것이 좋습니다. 병세에 따라 재택근무를 시작해 시간을 늘리는 방식으로 중간 지대를 탐색할 수 있습니다. 업무적합성 평가를 제안할 수도 있습니다. 다만 복귀 날짜를 미리 정하고 압박하는 것은 피해야 합니다. 복귀할 수 있을 정도로 회복되는 데 시간이 얼마나 걸릴지 모르는 경우가 많기 때문입니다.

당사자가 허락하면 회사가 주치의와 연락할 수 있

습니다. 주치의에게 일의 특성, 환경, 복귀 후 영향받을 것 같은 요인(스트레스 평가 결과) 등을 알려줄 수 있습니다. 노동시간 조정이나 재활 복귀 정책 등에 대해서도 정보를 제공하면 주치의가 환자의 치료와 복귀 계획을 수립할 수 있습니다. 의료인인 보건관리자(직업환경의학 의사, 간호사)의 도움은 주치의와의 소통에 유리합니다. 회사가 주치의에게 업무와 관련된 기능 저하 정도나 치료 계획을 물을 수 있지만, 환자의 비밀 유지는 의사의 판단에 맡겨야 합니다.

물론 병가 기간에 회사나 동료와의 접촉을 원하지 않는 사례도 흔합니다. 하지만 병가 기간 동안 아예 연락을 끊는 경우 원직장 복귀 가능성이 낮아진다고 합니다. 회사에서 증상이 발현되었던 사실을 부끄러워하거나 창피해한다면 공감하는 사람이 도움이 될 수 있습니다. 직속 상급자가 스트레스원일 때는 다른 동료나 노조 등을 활용합니다.

처음에 접촉을 거부했어도 회복에 따라 태도가 바뀔 수 있으므로 재차 노력합니다. 정신건강 문제로 병가 중인 사람에게만 연락을 취하는 것은 당사자에게 더 큰 부담이 될 수 있습니다. 병가 중인 모든 사람이 정기적으로 '가벼운 연락'을 하도록 하는 정책 도입을 추천합니다.

4) 성공적 직장 복귀

정신건강 문제가 있던 사람은 대부분 완전히 회복해 업무에 복귀할 수 있습니다. 조직이 복귀 계획을 미리 함께 세우는 것이 서로에게 이익입니다. 당사자와 관리자, 환자 주치의, 보건관리팀, 인사팀 등 자원을 동원해 복귀 계획뿐 아니라 복귀 후 관찰과 지원까지 아우르도록 합니다.

복귀 계획을 수립할 때는 복귀 시 현실적으로 지원 및 변경 가능한 것을 열어두고 대화할 수 있어야 합니다. 병가 동안 진행된 업무를 충분히 설명하고, 초기에는 적응 과정에 관해 공식·비공식적으로 자주 대화합니다. 다른 노동자들도 복귀 노동자와 대화할 수 있도록 돕되, 건설적이고 솔직한 피드백을 주고받을 수 있도록 노력해야 합니다. 다만 특별한 케이스라는 느낌을 주지 않도록, 신체건강 문제로 병가 후 복귀하는 노동자와 유사하게 대하는 것이 좋습니다.

복귀 후에도 약을 복용해야 하는 경우 약의 효과와 부작용이 있을 수 있습니다. 그러나 약의 부작용은 대부분 일시적이고, 문제가 지속되면 약을 변경할 수 있습니다. 문제가 있더라도 의사와 상의하기 전까지 약을 지속적으로 복용하면서 계획에 따라 변경하는 것이 중요합니다. 업무에 영향을 미치는 부작용이 있다면 약 선택을 재고하도록 제안할 수는 있습니다.

신체질병이든 정신질병이든 질병을 겪고 복귀하는 사람은 누구나 곧바로 완전히 적응하기 어렵습니다. 100% 회복되어 돌아오길 기다리는 건 비현실적이고 병가만 늘리는 결과를 낳습니다. 대부분의 업무 변경은 생각보다 간단하고, 비용이 들지 않고, 일시적으로 활용할 수 있어 다시 변경할 수 있습니다. 이런 복귀 지원 방안에는 △업무 복귀 기간을 두고 업무 내용 늘려가기 △필요한 훈련(의사소통 기술, 시간관리) 제공 △일부 시간 재택근무·유연근무(러시아워 피하기) 등이 있습니다. 대부분 상식적 수준에서 관리자와 당사자가 논의해 결정할 수 있는 것들입니다. 전문가적 견해가 필요한 경우는 흔치 않으므로, 관리자에게 재량권을 주고 당사자와의 합의와 평가 속에서 유연하게 적용하도록 합니다.

복귀 과정에서 고객이나 주변 노동자들이 어떤 반응을 보이는지도 중요합니다. 만일 주변에서 무시ㆍ공포ㆍ적대감으로 대한다면, 이 자체가 새로운 스트레스원이 될 수 있습니다. 관리자는 비밀 유지를 잘 지키고 있는지 늘 스스로 점검해야 합니다. 동료 노동자들에게 대화를 권하되 이를 압박해선 안 되고 열린 태도의 동료들이 먼저 대화를 시도하는 것으로부터 시작할 수 있습니다. 신체질병으로 병가를 다녀온 사례와 마찬가지로 대하되 따돌림과 소문내기 등 적대적 태도는 단호하게 대처합니다. 물론 시간이 지나면 관리자는 동료와 고객들의 반응도 살피고 양쪽 모두 도와야 합니다.

이런 노력에도 불구하고 업무 복귀가 성공적이지 않을 수 있습니다. 이때는 공식적으로 업무 복귀 과정을 돌아보고 이전 단계로 돌아가 다시 시도합니다.

업무 변경을 더 많이 시도하거나 배치전환 등의 조치를 취할 수도 있습니다. 건강 관련 문제가 아니라 업무 성과, 행동, 출근 등의 문제라면 일반적으로 접근합니다. 충분한 노력에도 복귀가 어렵다면 장애연금이나 이직 등 다른 해결 방안을 모색해야 합니다.

5) 일하면서 만성질환 관리하기

정신과 치료 이력만으로 능력을 재단하거나 업무에 차등을 두는 것은 차별입니다. 당사자가 먼저 도와달라고 하거나 성과나 행동에서 도움이 필요하다는 사인이 분명히 나타난 경우가 아니라면 다른 모든 노동자와 똑같이 대해져야 하고, 같은 기회를 보장받아야 합니다.

치료 이력이 있는 개별 노동자를 '관리'한다기보다 노동자 정신건강에 대한 일반적·정기적인 모니터링, 모든 노동자에게 직무 스트레스 대처법(운동, 휴식, 교육 등) 지원 등 보편적으로 접근하는 것이 중요합니다. 다만 필요한 시기에 적절히 지원받기 위해 당사자가 사전에 몇 가지 사항을 작성해두면 좋습니다. 상태가 좋지 않을 때의 특징, 연락처(가족이나 주치의), 필요한 도움 등입니다. 이런 과정이 모두 비밀 보장을 확신할 수 있는 상황에서 이루어져야 한다는 점은 물론입니다.

6) 노동조합의 역할

노동조합은 일상적으로 직무 스트레스를 낮추고 업무를 재조정하는 등 노동자 정신건강을 유지·증진하는 데 중요한 역할을 할 수 있습니다. 정신건강 문제가 있는 노동자가 도움을 호소할 때나 정신건강 문제로 병가를 사용한 노동자가 복귀할 때도 직접적인 영향력을 발휘할 수 있습니다. 정신건강 문제를 가진 노동자가 낙인찍히지 않고 원활한 동료 관계를 유지하는 일도 노동조합이 효과적으로 도울 수 있습니다. 이를 위해 노동조합 활동가들은 노동자 정신건강 문제에 분명한 인식을 가져야 하며, 이런 문제가 발생했을 때 회사나 사업주 및 관리자가 할 일, 활용할 수 있는 자원을 알고 있어야 합니다. 정신건강 문제를 가진 노동자가 필요한 도움을 찾도록 격려하고, 원인 해결을 위한 시도같이 실질적인 지원에 노동조합의 역할이 중요합니다.

노동조합에서는 사업주가 자살 문제와 직장 내 문제로서 자살 예방에 관해 알고 있는지, 적절한 조언과 지원을 줄 수 있는지 확인하고 요구해야 합니다. 일상적으로 스트레스 관리, 직장 내 괴롭힘·성희롱, 정신건강, 직원 지원, 징계 절차 관련 정책을 살피고, 지속적으로 업데이트해야 합니다. 관련 프로그램에는 노동자 대표로서 노동조합이 직접 관여할 수 있는 방안을 확보합니다. 매년 시행하는 위험성 평가에 직무 스트레스와 정신건강 평가를 추가하는 등 노동자들의 정신건강 상황을 모니터링하도록 합니다. 또 노동조합 활동가나 조합원을 대상으로 정신건강 문제, 자살 문제에 대응하는 훈련을 실시합니다. 병가 중인 노동자나 징계를 받고 있는 노동자와 지속적으로 연락을 유지하면서 필요한 지원을 확인합니다. 회사에 고충처리 절차가 있더라도, 이와 별도로 업무 도

중 문제가 있다면 노동조합에 이야기하도록 독려합니다.

4. 직장 내 자살 예방 프로그램

정신건강 문제 중 가장 극적인 것 중의 하나가 자살입니다. 한국은 하루에도 35~36명이 자살하는 사회입니다. 업무상 스트레스가 원인이든 아니든 자살을 생각하거나 시도하는 일은 어느 직장에서나 발생할 수 있고 사업주와 직장 동료는 자살 예방에 결정적인 역할을 할 수 있습니다. 직업을 가진 사람들은 깨어 있는 시간의 절반 이상을 직장에서 보내기 때문입니다. 직장 동료나 상사가 자살을 생각하는 노동자의 좋지 않은 징후를 먼저 발견할 수도 있습니다. 식사를 자주 거르거나, 전에 하지 않던 초조하고 불안한 모습을 보이거나, 예전보다 업무 수행능력이 떨어지는 것은 대표적인 좋지 않은 징후에 해당합니다.

동시에 직장 동료는 중요한 사회적 연결망으로서 힘든 상황의 노동자를 지원하는 자원이 됩니다. 자살 사례 분석에 따르면 여러 사회적 연계가 끊기고 고립되는 것이 자살 감행에 큰 동인이 되는 것으로 알려졌습니다. 직장 동료를 통해 사회적 연계와 네트워크가 지속되는 것이 당사자에게 큰 도움이 됩니다. 따라서 직장 내 자살 예방 프로그램은 일터에서 머무는 시간이 압도적으로 많은 한국 사회에서 반드시 필요합니다.

직장 내 자살 예방 프로그램의 효과를 분석한 논문에 따르면, 회사가 시도하기 가장 쉬운 프로그램은 교육과 게이트키퍼 훈련, 상담 제공, 특정 직종이나 업무에 기반한 프로그램(경찰, 항공기 조종사 등 고위험 직종의 경우 업무와 관련된 트라우마나 스트레스 다루기) 등입니다. 자살 예방 프로그램의 성과를 측정하는 것이 쉽지는 않고 연구도 많지 않지만, 이런 프로그램만으로도 회사가 얻을 수 있는 것이 있습니다. 또한 자살 예방 프로그램은 '직장 정신건강 증진 활동'에 통합되어 운영되는 것이 좋습니다.

직장 내 자살 예방 프로그램이 포함해야 할 핵심 요소102

- 직원과 그들의 가족을 가치 있게 여기는 업무 환경. 상호 존중하도록 장려하고 투명한 의사소통, 소속감, 감정적인 웰빙, 필요할 때 사람들이 도움을 청하고 서로 지지하도록 장려하는 것.
- 모든 직원, 특히 직속 상사들에게 자살 이해를 포함한 정신건강에 대한 교육과 훈련.
- 직원 모두가 이용 가능한 자원과 지원에 대해 인지하도록 내부 의사소통과 유도 프로그램.
- 정신건강을 포함해, 장기간 건강, 가정폭력, 재정불안 같은 문제에 대해 지원이 필요한 직원들을 도울 수 있는 명확한 정책, 프로세스, 실제적인 가이드.
- 직장 내 직원 지원 프로그램 혹은 인사 직원을 위한 전문적인 자살 이해와 예방 훈련.
- 가정폭력상담소, 정신건강복지센터 등과 같은 외부의 자원 연락망을 사내에 비치.
- 자살 시도 혹은 사망에 대한 대응 계획.

위 내용은 직장 내 자살 예방 활동을 지원하는 영국의 한 재단에서 제안한 직장 내 자살 예방 프로그램의 핵심 요소입니다. 무엇보다 '노동자와 그 가족을 가치 있게 여기는 업무환경'을 중요하게 들고 있습니다. 한국이 다른 나라에 비해 경제활동인구에서 자살률이 높은 것은 노동자를 가치 있게 여기고 존중하는 노동환경이 갖춰지지 않았기 때문은 아닐까요? 아래에서는 조금 더 직접적인 자살 예방을 위한 프로그램을 다루지만, '노동자 존중'이 자살 예방의 가장 근본적인 토양이라는 점은 잊지 말아야겠습니다.

1) 징후 알아차리기

정신적으로 불안정한 징후를 일찍 찾아내 돕는다면 효과적으로 자살을 줄일 수 있습니다. 정신건강과 자살 일반에 대한 교육 외에도 관리자, 상급자, 노동조합 활동가, 노동자를 대상으로 자살 위험 징후를 알아차리도록 교육하고, 이들이 자살 예방의 게이트키퍼가 될 수 있게 합니다.

직장에서 발견할 수 있는 대표적인 징후로는 생산성의 변화가 있습니다. 업무 성과가 떨어진다든지 그렇지 않았던 사람이 무기력해지는 것, 불분명한 이유로 지각과 결석이 잦아지는 것, 일에 집중력이 떨어지거나 일을 제대로 마무리하지 못하는 것 등의 변화는 이 사람이 높은 스트레스를 받고 있다는 단서이며, 정신건강의 적신호일 수 있습니다. 성격이나 행동 변화도 있을 수 있습니다. 초조하고 불안한 모습, 분노를 억제하지 못하고 화를 표출하거나 감정 기복이 극심해지는 것, 쉽게 흥분하고 부주의하게 행동하는 모습 등이 발견될 때에도 주의를 기울여야 합니다. 행동 변화 중에는 술 또는 담배와 같은 약물 사용 증가와 이에 따른 지각이나 업무수행성 저하 등 문제 행동도 있을 수 있습니다. 잠을 잘 못 잔다고 호소하거나 반대로 회사에서도 조는 등 수면 패턴의 변화, 식사를 자주 거르거나 식사량이 크게 감소하는 경우 등 식습관 변화도 먼저 나타날 수 있는 변화입니다.

이런 업무상·감정상·행동상의 변화는 사회적 기능을 악화시키고 동료로부터 멀어지게 합니다. 이런 사회적 고립은 정서적, 업무적 기능을 더욱 저하시켜 당사자를 악순환의 고리에 밀어 넣습니다. 최근 사회적 관계가 악화된 노동자가 있다면, 신뢰할만한 관계를 통해 도울 수 있는 문제가 있는지, 상황이 얼마나 심각한지 확인하도록 합니다.

2) 위기의 순간에 대응하기

징후를 발견하면 당사자와 대화를 시도합니다. 선부른 판단이나 조언보다는 상황을 묻고 경청하는 태도가 도움이 됩니다. 이때 불안함이나 우울함을 호소하는 사람이 있다면 '죽고 싶다는 생각도 들었는지', '자살에 대해서도 생각해보았는지', '구체적인 방법을 생각하거나, 시도해본 적도 있었는지' 물어봅니다. 이런 질문이 오히려 자살에 대한 사고를 촉진하는 것은 아닐까 부담스러운 것도 사실입니다. 하지만 자살에 관해 직접적으로 묻는 것이 자살 생각을 많이 하는 사람의 내적 긴장감을 떨어뜨려준다고 알려져 있습니다. 위로와 대화를 위해 술자리를 가지는 경우가 흔하지만, 우울한 사람에게 알코올 섭취는 우울감을 증폭시키고 충동성을 높이기 때문에 좋지 않습니다. 조용한 장소에서 진지하게 대화하는 것이 좋고, 술이나 담배는 멀리하도록 자연스럽게 분위기를 전환합니다.

자살 위험이 높아 보이는 동료가 있다면 대화를 시도하되, 이를 비밀로 하겠다는 약속은 하지 않는 것이 좋습니다. 자해나 자살 위험이 임박했다면 구조신고를 하거나 회사에 알려야 할 수 있기 때문입니다. 평소에 이런 대화를 자주 하지 않는 일반적인 사람들은 아예 말 꺼내기부터 쉽지 않은 것도 사실입니다. 이를 위해 관리자, 노동조합 활동가 등이 자살 예방 게이트키퍼 교육을 통해 대화를 시작하는 법, 조언하지 않고 듣는 방법, 위험이 임박했음을 인지하는 방법 등을 배워두어야 합니다. 직장에서 실시한 이런 교육은 가족이나 친구 중 위험에 처한 사람을 발견하고 대화하는 데에도 도움이 될 수 있습니다.

동료에게 자해 위험이 임박해있다고 생각된다면 상담원이나 주치의, 정신건강 전문가 등 연락하고 싶은 사람이 있는지 물어보고 그가 동의하면 즉시 연락하도록 해줍니다. 이런 상황이 여의치 않거나 이보다 더 급박한 상황이라고 생각되면 그를 혼자 두지 말고 응급구조 신고를 합니다. 전문 구호인력이 도착할 때까지 함께 있거나 안전한 장소에 돌봐줄 사람과 함께 있도록 합니다. 함께 있지 않은 경우 통화를 지속하며 구호 인력을 기다리는 것도 방법입니다.

구호가 진행된 뒤에는 인사팀 혹은 직속 상급자에게 연락하고 회사 규정에 따라 무슨 일이 있는지 알려야 합니다. 언제·어디서·어떤 증상으로 응급구조를 요청했는지, 어느 병원으로 갔는지를 보고하고 공유하는 정도가 적당합니다. 진단명이나 질병의 원인에 대한 추측을 당사자 동의 없이 이야기하는 것은 해당 노동자에게 고통을 줄 수 있고, 법적으로도 문제가 될 수 있음을 유의해야 합니다. 병가 등 회사 규정에 따라 이후 상황을 처리하고, 직접적으로 영향을 받는 동료들에게도 규정에 따라 최소한의 정보를 알립니다. 쉬쉬하는 것도 좋지 않지만, 이유나 상황에 대한 억측도 삼가야 합니다. 신체건강에 문제가 있어 병가를 보내는 경우와 비슷하게 대하도록 노력합니다.

동시에 이런 위기의 순간에 함께 있던 노동자는 자

신의 상태도 돌봐야 합니다. 즉각적인 위험이 지난 후 큰 트라우마가 될 수도 있고, 우울감이나 소진감 등 뜻밖의 영향을 받을 수도 있습니다. 이런 영향이 있다고 생각되는 경우 상급자나 인사팀과 상담하고 휴가나 상담 등 지원을 받는 것이 필요합니다.

3) 사후 대응

예방 활동에도 불구하고 자살 사건은 발생할 수 있습니다. 조직 구성원의 갑작스러운 자살은 업무에서 든 감정적인 측면에서든 동료들에게 크고 작은 영향을 주게 마련입니다. 회사와 동료들의 대응이 나의 반응에 영향을 주기도 하고, 나의 대응이 다른 동료들에게 영향을 줄 수도 있습니다. 자살 연구에서는 주변인의 자살로 충격을 받거나 트라우마를 갖게 된 자살자의 유족이나 친지를 '자살생존자'라고 부릅니다. 조직 내에서 자살 사건이 발생하면 동료들이 '자살생존자'가 될 수 있습니다. 혹자는 현대 한국 사회에 사는 우리 모두가 자살생존자라고 말하기도 합니다. 그러니 회사 차원에서는 조직의 위기관리의 일부라는 관점에서라도 자살 사후 개입 방안을 미리 마련해두는 것이 좋습니다.

사후 개입 방안에는 △관리자들의 정신건강 훈련에 자살 사후 개입 포함하기 △사업주와 기업의 법적 의무를 아는 것 △핵심 담당자들이 그들의 역할을 이해하고 받아들이도록 하는 것 △업무상 자살 사건에 대해 알려야 할 주주 리스트 △자살에 대한 소통 전략 마련(소셜미디어를 포함한 내외부) 등이 있습니다. 각각의 문제에 대한 원칙을 미리 마련해야 사건이 발생했을 때 우왕좌왕하다가 부정적 영향을 키우거나, 자살 노동자의 유족과 동료에게 2차 가해를 입힐 위험을 줄일 수 있습니다. 이는 다른 직원들에게도 상처가 될 수 있고, 종종 회사의 대외 신뢰도를 떨어뜨리기도 합니다.

직장 내에서 자살 사건이 발생하면, 동료 노동자들이 그를 충분히 애도하고 추모할 수 있도록 배려해야 합니다. 자살 사건을 쉬쉬하는 것은 모두에게 도움이 되지 않습니다. 가능하다면 동료 및 유족과 함께 사망한 직원의 삶을 기리는 가장 좋은 방법을 찾고, 자살로 영향을 받은 사람들에게 의미 있는 기념일·행사를 준비할 수도 있습니다. 사망한 노동자가 사용했던 공간을 정리하는 것도 사망한 노동자, 그 직원과 가까이 일했던 노동자들을 고려하며 결정해야 합니다. 모든 과정에서 사망 노동자가 충분히 존중받도록 유의해야 합니다. 동료들이 어떻게 반응할지 미리 가정하지 말고 서로 지지할 수 있도록 격려합니다.

가능하다면 직원 지원 서비스를 제공합니다. 심각하게 영향을 받은 개별 직원들이 훈련된 전문 상담사로부터 대면 상담을 받도록 지원합니다. 회사에서 직접 활용할 수 있는 자원이 부족하다면, 근로자건강센터나 정신건강센터 등의 공적 자원을 활용합니다. 사망자와 가까이에서 일하던 직원, 시신을 직접 보거나 수습한 직원 등 심각하게 영향을 받은 직원은 필요시 휴가를 줄 수 있습니다. 그러나 일상생활을 지속하는 것이 회복에 도움이 된다는 점도 염두에 둡니다. 동료가 장기간 심각한 문제를 겪는다면 전문적인 도움과 지원을 함께 모색해야 합니다.

업무나 직장 내 동료 관계 때문인지, 전혀 관계없는 다른 이유 때문인지와 상관없이 유가족이나 동료에게 2차 가해가 되는 나쁜 대응 사례는 직장 내 자살 사건에서 아주 흔히 발생합니다. 동료들의 자발적인 추모 행동을 금지하거나 유족이 자살 행위자가 사용했던 공간과 소지품을 확인하려 할 때 무례하게 대응하는 경우를 많이 보았습니다. 특히 자살이 회사나 업무 문제와 연관되어 발생했다는 의혹이 있을 때 이런 잘못된 대응이 더 쉽게 발생합니다. 회사는 오히려 더욱 공격적인 태도를 취하거나 묻지도 않았는데 '회사 책임이 아니'라고 발뺌하며, 유족 혹은 고인을 모욕하는 경우도 있습니다. 이 같은 행동은 유족이나 가까운 동료는 물론 이를 바라보는 모든 사람에게 나쁜 영향을 미친다는 것을 염두에 둬야 합니다. 이런 잘못을 줄이기 위해 원칙을 미리 잘 마련해두어야 합니다.

5. 마음 다치지 않는 직장, 꿈같은 얘기일까?

대한민국에 이런 회사가 있을까, 아니 자본주의 사회에서 이런 직장이 가능할까 하는 회의가 들기도 합니다. 이런 직장에 다녀본 적이 있느냐, 동료들과 이런 관계를 맺고 있느냐고 물으신다면 자신 없기도 합니다. 하지만 모호하게 좋은 일터를 만들자, 건강하게 일하자고 말만 하거나 나쁜 상사와 무책임한 사장님을 흉보는 대신 우리가 시도할 수 있는 구체적인 과제들을 나눠보고 싶었습니다. 뚜렷한 모범사례를 제시하기보다(그런 사례가 많지 않기도 했지만), 각자 서로 다른 문제가 있더라도 문제에 접근할 때 공통으로 취할 수 있는 원칙과 고려할 지점을 확인하는 것이라 생각하고 활용하시면 좋겠습니다. 이중 한두 가지라도 여러 회사 및 사업장에서 시도한다면 우리의 직장생활이 조금은 달라지지 않을까요?

못내 마음에 걸리는 점은 그나마 작은 시도라도 할 만한 곳은 주로 규모가 큰 기업이나 사회적 책임과 시선에 민감한 공공기관, 노동자 건강에 관심이 있는 노동조합이 있는 곳이리라는 우려입니다. 당연히 작은 사업장에서도 정신건강 문제가 있는 노동자들은 적절한 보호와 옹호를 받아야 하고, 영세한 사업장도 여러 직무 스트레스를 평가하고 우선순위를 매겨 하나씩 해결해나갈 기회를 가져야 합니다. 하지만 영세한 회사나 가게에서 자체적으로 이런 노력을 기울이기는 쉽지 않습니다. 다른 문제들과 마찬가지로 노동자 정신건강 문제에서도 오히려 환경이 그나마 낫고, 스트레스에 대처할 자원도 가진 노동자가 더 많은 보호나 지원을 받는 불평등이 커지는 것 같습니다. 이런 불평등을 줄이려면 노동자 정신건강을 증진하기 위한 노력이 사업장 안에서만이 아니라 지역 단위로, 업종 단위로, 공적인 기관에 의해 더 많이 시도되어야 합니다. 고용노동부에서 운영하는 근로자건강센터나 지방자치단체의 노동지원 단체들을 통해 일부 노력이 이루어지기 시작한 지 10여 년이 되었지만, 여전히 전체 노동자의 절반을 차지하는 소규모 사업장 노동자들을 포괄해 체계적인 개선 노력을 진행하기에는 너무 부족한 수준입니다. 이 책에서 관련된 문제를 따로 자세히 다루지는 못했지만, 노동자 정신 건강 증진 과정에서 항상 불평등 문제도 함께 고민되어야 하고, 해당 문제에 대한 기업과 사업주의 책임을 강조하는 만큼 국가적·공적·사회적 책임도 훨씬 더 커져야 할 것입니다.

대담

일 때문에 불행한 사람들에게

진행: 최민(한국노동안전보건연구소 활동가)

대담: 김경희(새서울의료원 노동조합 분회장, 서O윤 간
호사 대책위원회)

김세은(직업환경의학 전문의, 前 서울교통공사 정
신건강전담센터 상근의사)

허윤제(치유와 연대의 공동체 '두리공감' 활동가)

최민 한국노동안전보건연구소 정신건강팀에서 일에
관련된 스트레스, 일터 정신건강을 주제로 2년 동안
세미나를 진행하고 이를 책으로 펴내게 되었습니다.
여기에 실제 현장의 이야기를 담고자 경험이 있는 분
들을 모셨습니다. 먼저 직장 내 정신건강 문제를 인
식하게 된 계기를 소개해 주세요.

김세은 직업환경의학 수업에서 직업성 정신질환을

다룰 때 지하철 기관사들의 트라우마 문제를 처음 접했어요. 한창 서울도시철도공사(현 서울교통공사)에서 문제 제기가 일어나던 무렵이었어요. 그 후로 직업상 정신질환 문제에 관심이 생겼습니다. 전공의 시절 서울도시철도공사에서 다시 자살 사건이 발생하면서 임시 건강진단을 하게 되었고 연구보조원으로 참여했어요. 설문지 배포도 하고 기관사들을 직접 만나 심층 면담을 하는 등 여러 가지 일을 하면서 가까이에서 이야기 들을 기회가 있었고요. 전문의 2년 차에 도시철도공사의 정신건강 전담센터에서 2년간 일했습니다.

그 센터는 회사의 정신보건과 관련된 여러 가지 사업을 기획하고 실행하는 곳이었습니다. 가장 기본적인 일상 활동은 상담과 교육이었고 위험군 관리, 치료 연계, 업무 복귀 등과 관련된 일들을 수행했지요. 임상심리 전문가 선생님 몇 분이 심리 상담을 맡아서 하셨고, 저는 주로 업무와 관련이 있는 경우나 병원으로 의뢰해야 하는 경우의 상담을 했어요. 위험군 관리와 관련해서는 전 직원을 대상으로 매년 우울 증상 설문을 실시해서 전문가의 도움이 필요한 분들께 개별적으로 연락하고, 자살 사건이 일어났을 때 영향을 최소화하기 위한 위기 개입을 진행했습니다. 또 치료가 필요한 분들이 적절한 치료를 받고 건강하게 업무에 복귀할 수 있도록 돕는 일도 했고요. 그렇게 전반적인 정신건강과 관련된 회사의 여러 사업을 하는 전담센터였습니다.

허윤제 2011년 유성기업에 구조조정이 실시되면서 외상 사건들이 벌어지자* 충남 노동인권센터가 심리 치료 사업단을 구성하면서 두리공감이 시작됐어요. 당시에는 '투쟁 중인 노동자가 위험에 빠지지 않도록 도와야 해. 자살자가 발생하지 않도록 조치를 취해야 해'라는 마음으로 시작했어요. 주로 유성기업 노동자

---

* 자동차 부품업체인 유성기업은 2011년부터 노동조합 파괴 계획을 수립, 실행했다. 2011년 노동조합이 파업에 돌입하자 회사는 곧바로 직장폐쇄를 단행하고, 이 과정에서 다수의 노동자가 중상을 입는 폭력 사태가 발생했다. 이후 10여 년에 걸쳐 회사의 어용노조 설립, 금속노조 소속 조합원에 대한 차별적 징계와 괴롭힘 등이 있었고, 이에 대해 유성기업 사업주가 대법원에서 실형을 선고받았다.

들이나 현대자동차 사내하청 해고노동자가 대상이었습니다. 힐링 프로그램과 고위험군 개인 상담, 가족들과의 문제를 돕기 위한 가족 여행 지원, 남성/여성 노동자 따로 집단 상담도 했고요.

이런 방식으로 2년간 진행하다가 어느 사업장과 연결되었어요. 몇 년 전에 투쟁을 했었다가 안정을 되찾은 사업장인데 그곳의 후속 실태조사를 하게 된 거죠. 투쟁도 끝났고 이제 안정되었으니 괜찮으리라 생각했는데 결과가 좋지 않았어요. 개인 상담, 집단 상담도 했었고 1년이 지났는데 이상하다고 생각했죠. 그리고 아산시 공무원, 충남 보육교사 실태조사도 하게 됐습니다. 해마다 조사하는데 이 노동자들의 우울과 불안도 높은 수준으로 확인됐어요. 이때 투쟁 중이 아니더라도 일반적 노동환경이 노동자 정신건강에 문제를 일으키는 건 아닐까 하는 의문이 들었습니다. 일반 직장의 노동자들에게 어떤 문제가 있을지 살피면서 여러 분야의 노동자 실태조사를 시작하게 되었고, 직장인에게 일상적으로 오는 업무 관련 스트레스가 있다는 걸 알게 되었어요.

최민 실태조사나 개입했던 사례 중에서 인상적인 사건을 말씀해 주세요.

허윤제 사업장에서 성폭행 사건이 있었습니다. 대책위원회가 꾸려졌고 대책위 의뢰로 피해자 상담을 진행했어요. 큰 트라우마일 수 있고 상담이 길어지리라 생각했는데 이 분은 싸우겠다는 의지가 강했습니다. 상담 선생님도 이 분이 아주 강한 분이라고 하셨어요. 어떻게 싸워야 할지, 재판에서 뭐라고 말할지 고민이 많았지만 그것 외에는 정서적으로 빨리 안정되었던 것이 기억에 남아요.

다른 어떤 분은 직장 내 괴롭힘으로 상사와 마찰 중에 직장에서 쓰러졌어요. 노동조합을 통해 의뢰가 왔습니다. 당사자는 불안이 심해 휴직하게 되었고요. 직장 내 괴롭힘 관련 회사의 조치가 휴직이었어요. 휴직 기간 이후 당사자가 복귀를 마음먹고 출근한 첫날 가해자를 만났습니다. 가해자가 다른 부서로 옮기긴 했지만, 유관 부서라 피해자가 일하는 공간으로 온 거예요. 분리란 어떤 조치일까? 피해자를 쉬게 하고 안전한 곳으로 보내는 것이 적당한 분리일까? 고민이 생기더라고요.

그나마 노동조합이 있는 경우는 시비를 따지고 보호받을 수 있는데 혼자 당한 경우에는 개별 노동자가 무엇을 원하는지, 어떤 방식이 노동자에게 적합한지 물은 적이 없는 거죠. 피해자의 욕구가 각각 다를 수 있는데 적절한 조치들이 취해지지 않는 것 같다고 생각했습니다.

김경희 노동조합 활동을 하기 전의 저는 업무가 너무 과해 스트레스가 많았고, 퇴근해 집에 들어갈 때마다 술을 사가곤 했어요. 우울증이 아닌데도 자주 그랬어요. 아이들 때문에 야간 근무도 많이 힘들었고요. 간호사들이 야간 교대근무 때마다 잠을 제대로 못 자잖아요. 수면제도 자주 먹었어요. 습관이 되기도 하더라고요. 병원에선 주위에 늘 약이 있다 보니까 손대는 일이 생기고 간혹 약물에 중독되는 사람도 보았습니다.

서O윤 간호사 자살 사건*이 벌어지면서 대책위원회를 만들어 적극적으로 대응했습니다. 사실 그보다 4년 전에 행정직원이 자살 사망한 사건이 있었어요. 그때는 아무 대응을 못했습니다. 당시에 그 사람이 우울증이 있었다는 소문이 돌았었어요. 그런데 서O윤 간호사 때도 똑같은 일이 생기더라고요. 2차 가해가 시작되면서 가장 놀랐던 건 주변에서 고인의 얘기를 해줄 수 있는 사람들이 먼저 변하더라는 거예요. 당사자가 사망하고 없잖아요. 병원 측에서 가까운 사람들을 데려다 회유했고 그 사람들이 고인을 이상한 사람으로 만들어버렸고요. 내부에서 상담이나 심리치료가 되어야 하는데 그러지 못하다 보니 같이 근무했던 사람들이 사직하기도 했습니다. 서O윤 간호사 사망 이후 행정직 간호사 세 명 모두 사직했더라고요.

과로 후 급사한 미화원의 사례도 있었습니다. 연락

---

* 직장 내 괴롭힘에 시달리던 간호사 서 씨가 2019년 1월 숨진 사건. 이후 연간 근무일 217일, 야간근무일 83일이라는 평균보다 긴 고인의 근무시간과 '태움'으로 불리는 괴롭힘이 사망의 배경이라는 대책위원회의 조사 결과가 발표됐다. 2020년 10월 근로복지공단은 이 사건을 산업재해로 인정했다.

을 받고 산재라고 생각해서 관련된 준비를 다 했거든요. 병원의 부당함을 단체로 항의하면서 '우리를 함부로 대하지 말라'는 인식이 높아졌습니다. 서울시에서 직접 와서 상담도 했고 결과적으론 인력이 충원되고 근로조건도 개선됐어요. 그러면서 자신감을 얻었고 집단을 이뤄 대응하면 노동환경이 달라질 수 있다는 걸 알게 됐어요. 이런 점이 서O윤 간호사 때와 달라진 점이죠.

하지만 세 건의 사망에도 결국 아무도 책임지지 않았어요. 상담이나 힐링 프로그램을 실시하겠다고는 했지만, 본격적이지도 전문적이지도 않았습니다. 서O윤 간호사 추모비 제막식도 했는데, 간호사들이 이런 거 해서 뭐하냐는 반응이었어요. 어차피 우리 병원 안 바뀐다며 포기하고 나가버리는 상황이 지속되고 있어요.

이런 상황에선 환자 안전도 위협받습니다. 중간 연차 간호사의 사직이 늘다 보니 신규 간호사가 너무 많아져요. 병동 인력의 3분의 1이 1,2년 차인 신규 간호사들이에요. 간호사가 많아도 업무가 비효율적이니 다시 병원을 나가고 악순환이죠. 이런 일을 겪을 때마다 저조차 그만두고 싶은 생각이 들 정도라 다른 사람들을 독려할 힘이 나지 않아요. 도움이 필요하다는 생각이 많이 듭니다.

회사에 바라기보다 우리가 만들기

최민 회사가 노동을 존중하고 노동자를 함부로 대하지 않아야 노동자가 건강하게 일할 수 있을 텐데, 그러기 위해 어떤 노력이 가장 필요할까요?

김경희 서O윤 간호사 대책위원회 활동을 하면서 환경적이고 구조적인 직장 내 괴롭힘까지 조사해보니 인사 정책이 투명하지 않았습니다. 입사 때부터 누구누구 소개로 들어오고, 들어오자마자 그 사람들끼리 관계가 형성되기도 하고요. 같은 일을 해도 다르게 대우받기도 하지요. 꼭 개인 관계만이 아니에요. 예컨대 조무사와 보조원은 하는 일이 비슷한데 각각 공무직과 정규직으로 나뉘어요. 똑같은 업무를 해도 네

파트로 나뉘고 어떻게 입사했는지에 따라 임금이 다 달라지는 거예요. 이번에 정규직 전환 시도하면서 조무사와 보조원 사이의 임금 및 호봉 조정이 문제가 되었어요. 이런 차이들이 내부에서 우월감을 갖거나 서로 다르다고 생각하게 만들더라고요. 병원을 상대로 싸워야 하는데 우리끼리 싸우게 되고요. 그러니까 기본적으로 고용 안정이 전제가 되어야 할 것 같아요.

그다음 중요한 것은 노동조합의 리더십이라고 생각합니다. 노동조합 입장에서 특정 상황을 문제 삼는가 아닌가에 따라 차이가 커요. 같은 자살 사건이라도 노동조합 대응 여부가 상당히 다른 결과를 만들어요. 사실 서O윤 간호사 사건 이전에 아산병원에서 박O욱 간호사 자살 사건*이 사회적인 문제가 됐기 때문에 노동조합이 직장 내 괴롭힘에 관해 인지하고 대응할 수 있었다고 생각합니다. 그러니 노동조합은 지속적으로 감시하고 문제 해결을 위해 노력해야 합니다.

---

* 2018년 아산병원 신규 간호사가 목숨을 끊은 사건. 과중한 업무와 직장 내 괴롭힘 때문에 발생한 이 사건은 2019년 업무상 재해로 판정받았고, 간호 인력 부족과 병원 구조의 문제 등이 사회에 알려졌다.

최민 공정하고 투명하지 못해 스트레스를 받게 된다는 점, 이런 상황이 문제임을 인식해야 하고 이를 위해 많은 준비가 필요하다는 말씀이 인상적입니다.

허윤제 노동자 정신건강 증진을 위한 특별한 방법이 있을까요? 자본주의 사회에서 회사는 조금이라도 더 이익을 얻을 방법을 취하고, 그런 사람들에게 '일하는 사람이 건강해야 한다', '조치를 취하고 문화를 구성해야 한다'라는 말들이 과연 받아들여질지 회의감이 듭니다. 노동자 정신건강 관련 연구들도 주로 생산성에 초점을 맞추더라고요. 소진이 조직 만족에 미치는 영향이나 생산성에 미치는 영향 같은 거요. 회사도 알고 있어요. 직원의 정신건강이 나쁘면 장기적으로는 회사에 나쁘다는 점을 인식하고 있죠. 그래서 EAP(Employee Assistance Program, 근로자 지원프로그램)를 활용하는 겁니다. 하지만 조직의 구조라든지 운영 체계가 투명하고 공정하고 민주적이고 합리적이어야 한다는 것은 직장이 당연히 갖춰야 할 기본이고 직원들, 노동자들에겐 연대가 가장 중요한 것 아닐까요?

그런데 정신건강에 대한 편견과 선입견이 너무 강해서 일반적인 생각들이 이래요. "아유, 우리 다 그렇게 일해.", "일이라는 게 그렇지, 어떻게 직장인이 스트레스 안 받아?" "가족들 먹여 살리면 그걸로 행복한 것 아니야?", "일하는 게 어디야." 분위기가 그러다 보니 옆의 동료도 "네가 정신 잘 차리면 되지"라고 말할 뿐입니다.

특히 직장 내 괴롭힘은 가해자와 피해자가 불분명한 경우도 많아요. 업무 과정에서 '일을 가르치려면 강압적이기도 해야 한다', '이 정도로 엄한 지시는 필요하다'라는 문화가 있어서 괴롭힘인지 모르는 경우도 있는 것 같아요. 체계를 바꾸는 일과 함께 회사에도, 노동자에게도 괴롭힘이 무엇인지 교육하면서 감수성을 높이는 게 지금으로서는 필요한 단계가 아닌가 싶습니다. 그래야 제도를 갖추더라도 실효성이 있을 것 같아요. 아직은 인식 수준이 낮은 것이 사실입니다. 노동자들의 감수성을 키우면서 회사에는 조직의 문화나 상태를 정확히 판단하고 분석해 개선하고 조치하도록 요구해야겠죠.

정부기관이 해야 할 몫도 있어요. 트라우마 예방을 예로 들면, 노동부나 산업안전공단 매뉴얼에 산재 사고 후 조치를 해야 한다고 되어 있지만 현장의 회사나 노동자들이 잘 몰라요. 재해가 난 사업장을 방문해서 감독관들을 만날 때면 사고 후 조치를 권고 정도로 생각하고 있다는 의심이 강하게 듭니다. 특별감독관들도 "재해가 발생하는 사업장이 많고, 감독해야 할 일도 많다"라는 입장이에요. 그러니 재해가 발생했을 때도 물리적 안전에 급급하지 트라우마 예방에 관해서는 알 수가 없어요. 제가 "어떻게 해야 하나요?"라고 물었더니 "현장이 하세요, 감독관 인원이 부족합니다"라고 하더군요. 인력도 보충하고 노동자 정신건강 이해를 높이는 감독관 교육도 이뤄져야 한다고 생각합니다.

최민 아직도 사고성 사망재해에 대응하기도 바쁜 수준이라 업무상 질환, 그중에서도 정신건강 문제에 정부는 사실상 손을 놓고 있다는 생각이 듭니다.

김세은 허윤제 선생님이 회의감이 든다고 하신 걸 이해합니다. 만일 노동조합이 없고 노동자들이 목소리를 낼 수 있는 통로가 전혀 없는 사업장이라면 경영진은 당연히 이윤을 최우선으로 생각하겠죠. 그렇기 때문에 노동조합에서 올바른 관점을 가지고 정신건강을 포함한 건강 문제를 사측과 이야기해야 해요. 제가 전에 일했던 교통공사는 다른 사업장에서 따라잡기 힘들 정도로 시스템이 잘 갖춰진 곳이었는데, 그건 오랫동안 노동조합에서 중요한 과제로 삼아 추진한 결과거든요. 노동조합에서도 이를 자랑스럽게 생각하는 분위기가 있고요. 그래서 노동조합의 역할이 아주 중요하다고 생각합니다.

기본적인 의사 결정 과정이나 인사 등에서 공정하고 투명해지는 것, 문제가 있더라도 이를 제기하면 개선될 여지가 있다고 구성원이 느끼는 것, 실제로 개선되고 변화를 알 수 있는 것이 회사에 필요해요. 당장 직접적인 연관이 없는 것처럼 보이더라도 이런 변화는 결국 정신건강에 중요한 영향을 미칩니다. 경영진, 사업주도 그렇게 생각해야 합니다. 심리 상담,

힐링 프로그램도 중요하지만 기본적으로 민주적인 조직 운영이 중요하다는 걸 알아야죠.

그 외에는 직장에서만이 아니라 한국 사회 일반적으로 정신질환에 대한 편견이 강하다는 점을 유의해야 할 것 같아요. 누구나 일하다 보면 우울증에 걸릴 수도, 약을 먹을 수도 있잖아요. 그런데 우리 회사에서도 충분히 그런 일이 생길 수 있다는 인식을 잘 못하는 것 아닌가 싶습니다. 미리 예측하고 예방할 수 있는 시스템을 갖추는 것이 중요합니다. 정신건강 전담센터는 어렵더라도 최소한 정신적으로 힘들어하는 직원을 어떻게 알아볼지, 그런 경우 회사에서 어떻게 대처할지를 담은 매뉴얼을 만들거나 연계할 곳 정도는 준비해야 합니다. 사람들이 보기엔 그저 업무 태만 같은데 사실은 우울증이 심한 상황일 수 있거든요. 그런 사람을 다그치면 더 악화될 뿐이고요. 면담 등으로 접근을 시작해야 하는데 이건 지속적인 교육이 필요한 부분입니다.

허윤제 회사의 안전교육 시간을 활용하면 가능합니다. 하다못해 직장 내 괴롭힘 금지도 법제화*되었으니 의지만 있다면 피해가 발생했을 때의 대처나 보호받을 방법 등을 충분히 교육할 수 있죠.

문제는 노동조합이 없는 사업장이나 소규모 영세 사업장 노동자, 특수고용 노동자들, 외부에서 이동하며 일하는 노동자들이죠. 가스 안전점검 노동자로부터 강아지 물림 사고가 많다는 말을 들었어요. 2인 1조라는 방문 규정이 지켜지는 것도 본 적이 없죠. 혼자 이동하면서 불안하고 위험한 상황에 늘 노출되지만 보호받을 방법이 없어요. 대책이 필요하다고 생각합니다.

김경희 서울의료원에서 그래도 달라진 점은 사람들이 자기 목소리를 내기 시작했다는 겁니다. 부당한 일을 신고하고, 신고를 위해 모여서 이야기도 하고요. 알게 모르게 약간의 변화가 일어난 거죠. 병원 응급실 보조원 한 분이 직장 내 괴롭힘 건으로 서울시

---

* 근로기준법 개정안(2019년 7월 16일 시행). 직장에서의 지위를 이용해 다른 근로자에게 신체적, 정신적 고통을 주는 행위가 금지되었다.

에 민원을 넣었고 서울시에서 병원에 문제 해결을 권고했습니다. 병원이 예전과 다르게 형식적으로라도 고충처리위원회를 열었어요. 당사자는 혈압이 상승하고 체중도 감소하는 힘겨움이 있지만, 함께 싸우는 주변 사람들로부터 위안을 얻는 것 같습니다. 스스로 당당함을 느끼면서 계속 대응하겠다고 해요. 이런 사례를 보면서 계속해서 말하고 문제 제기하고 싸우는 일이 조그만 숨구멍을 틔웠구나, 누적되면 우리 일터가 달라질 수 있지 않을까 하는 생각이 들어요.

노동자 정신건강에서 가장 중요한 것은
인력 확충과 민주적 운영

최민 업무 때문이든 아니든, 우울증이든 공황장애든 간에 정신건강에 문제가 있더라도 일할 수 있는 것이 직장 내 정신건강에서 중요하다고 생각합니다. 고혈압이 있어도 일을 잘 할 수 있는 것과 마찬가지인데 아직 정신질환에는 편견이 있지요. 그런 노동자들에 대한 지원도 필요하겠습니다.

김세은 일단 정신건강에 대한 일반적인 인식 개선이 전제되어야 하겠지만, 인력이 부족한 상태에서는 질병이 있거나 질병 위험이 있는 노동자가 절대 건강하게 일할 수 없습니다. 많은 노동조합이 사업장 인력 확충의 필요성을 이야기해요. 노동강도와 인력 문제는 당연히 정신건강과도 관련이 있습니다. 또 정신건강 문제 때문이든 다른 이유로든 힘들 땐 휴가를 내고 쉬어야 하는데 인력이 부족한 상태에서는 마음대로 휴가를 쓸 수 없잖아요. 인력이 부족한 상태에서 일하는 현실이 일단 문제입니다.

최민 예를 들어 우울증 때문에 업무성취도가 떨어지는 사람이 있다면 인력이 부족한 사업장에선 서로 상태를 살펴줄 여유가 없죠. "무슨 일 있니?"라는 말 대신 원망부터 할 수 있습니다.

김세은 우호적일 수가 없죠. 개인적인 성향을 떠나서 '다들 바빠 죽겠는데'라는 생각이 들 수밖에요. 당연히 이 사람을 돌봐주면서 가야 한다는 생각이 싹틀 수 없는 환경입니다. 그러니 인력 확충이 무척 중요해요.

허윤제 인력 확충을 포함해 고용이 안정적이면 내가 쉬더라도 대신할 사람이 있고, 잘릴 걱정도 없고, 우울증인데 일할 수 있냐는 압박이 없을 수 있지요. 정신건강만이 아니라 몸이 불편하거나 장애가 있는 경우도 마찬가지예요. 산재 때문에 장애가 생겼을 때 산재를 당한 것만도 억울한 일인데 이곳에서 다시 일할 수 없게 되는 것도 문제입니다.

김경희 인력 확충에 덧붙이자면, 일하는 사람의 의사가 반영되는 회의 구조가 있으면 좋겠어요. 내가 이 업무에 필요한 사람이라면 실무적으로 내 결정이 반영되어야 하잖아요. 일터에서 의사 결정에 참여하고 함께 논의한다면 보람을 찾을 수 있을 텐데 그런 구조가 전혀 없다 보니 정신적으로 피폐해지는 것 같아요.

정신질환 산재, 회사의 자세에 따라 승인 여부 달라져

최민 정신질환은 아직도 산업재해로 승인받기 어렵습니다. 드러나지 않은 문제가 여전히 많고요. 산업재해와 관련해 어떤 경험과 문제를 겪었는지 말씀해주세요.

허윤제 가장 기억에 남는 일은 유성기업에서 한광호 열사가 돌아가신 뒤 산재 승인을 받은 일*이에요. 산재 신청을 준비하면서 유성기업 노동자들 대상으로 심리검사를 하고 해석 상담도 했어요. 산재를 승인받은 뒤에 회사가 산재를 인정할 수 없다며 근로복지공단을 상대로 소송을 냈어요. 한광호 열사 말고도 업무상 정신질환을 인정받은 모든 건에 대해 소송을 걸었어요. 무척 황당했죠.

---

* 회사의 노조 탄압을 견디지 못한 노동자가 2016년 스스로 목숨을 끊은 이 사건에 대해 근로복지공단이 업무 관련성을 인정하고 산업재해 신청을 승인했다. 고인은 노사갈등 스트레스로 우울증에 시달렸고 당시 정신건강 실태조사에서 노조 조합원 60%가 우울증 진단을 받았다.

김경희 서울의료원도 비슷했어요. 병원 측은 자기들이 불리한 걸 알면서도 계속 시간을 끌었죠. 서O윤 간호사는 유서에 딱 한마디를 남겼습니다. "병원에서 아무도 조문 오지 말아라." 처음에는 경험이 없어서 산재 신청 생각을 못했어요. 노동조합이 시민사회단체와 연대했기 때문에 대응할 수 있었어요. 그때 연대의 중요성을 느꼈습니다. 이후엔 다른 사례에 대해 산재 승인이 수월해졌어요.

그 이전의 행정직원 자살 사건이 그냥 묻힌 것이 미안하기도 했죠. 서O윤 간호사 사건은 그때와 달랐어요. 어느 관리자가 먼저 "어려움을 알고 있었다, 돕지 못했다"라고 증언해주었거든요. 그 말이 산재 승인 과정에서 도움이 되었습니다. 병원 측과 관리자의 생각이나 태도에 산재 승인 여부가 달린 것 같아 씁쓸하기도 했고요.

최민 산재 판정 과정에서 회사의 태도가 정말 중요합니다. 대부분의 업무 관련 자료나 정보를 회사가 가지고 있으니까요. 정신질환 당사자가 본인이 겪은 일을 증언할 수 있지만, 자살하고 나면 가족이 모르는 일이 너무 많아 사실을 밝힌다는 게 무척 어렵죠. 그래서 우리가 주장하는 것 중 하나가 근로복지공단이 조사를 잘할 수 있도록 더 많은 권한을 가져야 한다는 거예요. 지금은 노동자가 증거 자료를 다 준비해야 하지만, 근로복지공단이 좀 더 강력하게 전문적으로 조사할 수 있으면 좋겠습니다. 최소한 자살 사건이라도요.

김경희 정말 직장 내 문제는 가족이 모르는 경우가 많죠. 행정직원도 간호사도 그랬어요. 잘 모르는데도 나서야 하니 어려운 일이에요.

김세은 센터에서는 정신질환 예방 활동이나 이미 진단받은 사람을 사후 관리하고 추적 관찰하는 일을 주로 했기 때문에, 산재와 관련해 직접적인 역할은 하지 않았어요. 그런데 산재 승인을 받지 못한 기관사 한 분이 기억에 남습니다. 운행 도중 선로에 승객이 뛰어들어 자살한 뒤에 외상 후 스트레스 장애와 심한 우울증 진단을 받았어요. 그런데 사건을 겪은 지 몇 년 뒤에야 증상이 나타났다는 이유로 승인이 안 됐던 것 같아요. 그분은 질환 때문에 기관사 일을 중단하고 다른 부서에서 일하고 계셨어요. 지속적으로 정신과 치료를 받고 센터에서 심리 상담도 하시면서요.

한번은 몇 년 전 그분을 상담했던 의사 선생님이 센터에 오셨다가 그분과 오랜만에 마주쳤습니다. 표정이 많이 밝아져서 놀랐다고 하시더라고요. 업무가 바뀌는 스트레스도 있었지만, 운 좋게도 친한 동료와 같이 일하면서 비교적 안정적으로 생활했던 거예요. 그리고 다시 기관사로 일하고 싶다고 말씀하시더라고요. 다행이라고 생각했어요. 회사 입장에서도 좋은 일이죠. 기관사는 많은 훈련이 필요한 직종이니까요. 기관사로 돌아가기 위해 당사자, 관련 부서와 상의해 복귀 계획도 세웠습니다. 회사의 결재를 기다리던 중에 제가 갑작스럽게 그만두는 바람에 어떻게 되었는지 모르겠지만, 기관사로 잘 복귀하셨으리라 생각합니다.

산재 승인이 안 되었더라도 회사에 여러 여건이 갖춰져 있어 위기를 잘 넘기고 치료를 꾸준히 받아 원래 하던 일로 돌아갈 수 있었던 사례잖아요. 시스템이 없는 다른 회사였다면 퇴사했을 수도 있고, 정말 나쁜 일이 생겼을 수도 있다고 생각해요. 그래서 그분이 기억에 남습니다.

최민 산재 승인을 받지 않고도 잘 회복할 수 있었던 조건이라는 점에서 매우 인상적입니다. 말씀하신 시스템은 매우 훌륭하지만, 공공기관이나 대기업에서 수많은 정신질환과 자살 사건이 발생한 뒤에야 겨우 만들어진 것이기도 하잖아요. 중소기업만 돼도 개별적으로 감당하기 어려우니 공적으로 해결해야 한다고 생각합니다. 근로자 건강센터 같은 곳이 훨씬 확충이 되어야 하고요. 그래서 기업이 각자 시스템을 만드는 것과 별개로 노동자들이 공적으로 서비스를 이용할 수 있게 해야 합니다. 단순한 정신건강 상담만 하는 게 아니라, 일과 연관된 해결책을 제안하고 복귀도 도와야 하기 때문에 특화된 공적 서비스가 필요하겠죠.

김경희 서울대학교엔 인권센터가 있습니다. 학교 안에 설치돼 있지만, 독립성 있는 기관이라 학교 직원들이 그곳에서 상담하고 있어요. 저희 병원에도 인권센터가 만들어졌지만, 병원이 직접 운영하다보니 직원들의 신뢰가 없어서 이용이 많지 않아요. 사람들 사이의 갈등이나 직장 내 괴롭힘의 경우 가해자가 주로 관리자이니 회사는 가해자 편을 들게 되잖아요. 병원 같은 필수 사업장을 대상으로 서울시가 직접 인권센터를 운영하면 좋겠습니다. 체계적으로 장기적인 안목에서 제대로 만들어야겠죠.

김세은 말씀하신대로 서울교통공사는 특수한 케이스라 다른 사업장에 적용하기 어려울 것 같아요. 여러 요인이 맞물려 가능했던 방식이라고 생각합니다. 서울시 산하 공공기관이기도 했고 노동조합도 힘이 있는 곳이었고요. 기관사라는 직업 자체가 안전과 관련이 있으니 일반 시민도 관심이 있을 수밖에 없었고 설득력도 강했던 것 같아요.

허윤제 근로자 건강센터는 50인 미만 사업장의 노동자를 대상으로 하잖아요. 이런 곳은 대부분 노동조합도 없고요. 그래서 확대되어 잘 운영되면 좋겠는데 거리나 위치 등 물리적으로 접근성이 너무 떨어진다고 해요. 근로자 건강센터가 6시까지 운영하니 퇴근 후 이용이 어렵기도 하고요. 지역에 있는 정신보건센터도 마찬가지인 것 같아요. 이러면 도움받을 수 있는 데가 거의 없거든요. 근로자 건강센터 접근성이 좋아지면 많은 노동자가 회사 내부 자원보다 더 편하게 이용할 수 있을 것 같습니다. 노출에 대한 불안이 줄어드니까요.

김경희 그래서 지하철 역사 안에 만들어 접근성을 높이자는 요구도 했었어요.

근본 원인은 남겨둔 채 상담실 만드는 회사…
문제를 인식하고 대응할 역량 필요

최민 직장 내에서 정신건강 문제가 발생하거나 심지어 자살 사건이 생기면 그 영향이 크잖아요. 동료들도 누군가 그 지경이 될 정도의 환경 속에서 일하는 거고요. 하지만 센터처럼 사건이 발생하면 바로 개입할 수 있는 시스템이 없는 곳이 대부분이죠. 동료 노동자들이 받는 영향이나 필요한 지원에 관한 이야기를 들어보고 싶습니다.

김세은 위기 개입을 두 차례 했습니다. 사건 발생 후 일주일 이내에 임상심리 전문가 선생님들과 일정을 짜서 상담을 했어요. 자살한 분을 직접 발견하고 신고한 분과 고위험군도 몇 명 있었거든요. "힘들어질 수 있으니까 그럴 때 꼭 센터로 연락하시라. 상담을 받아라. 당신이 앞으로 할 경험은 이상한 것이 아니라 자연스러운 것이다." 간단하지만 이런 교육이 중요합니다. 실제로 연락해온 분들도 있었고요. 그래서 더 큰 영향으로 번지는 일을 막을 수 있었다고 생각합니다.

당시 센터에 소속된 임상심리 전문가 선생님들이

항상 상담 일정이 빡빡했기 때문에 갑자기 사건이 발생하면 상담사 선생님들 네트워크를 동원했어요. 상담 가능하신 분들에게 도움을 요청해 대처한 거죠. 시스템이 있었으니 가능했습니다. 만약 전담센터가 없다면 자살 사건이 발생했을 때 막막할 수 있어요. 자살자가 나올 위험이 높은 사업장은 미리 계획을 세워두어야 도움 요청이라도 할 수 있을 것 같아요.

교통공사에서 게이트키퍼 교육을 꾸준히 진행했습니다. 저를 비롯한 센터 직원들이 먼저 강사 교육을 받고, 그다음엔 저희가 강사가 되어 교육하는 거였어요. 공사 직원들은 몇 년 주기로 보수 교육을 받는데 프로그램에 게이트키퍼 교육이 포함되어 있었습니다. 몇 년이 지나면 거의 모든 직원이 받게 되는 거였죠. 게이트키퍼 교육은 꼭 자살 위험이 있는 사람뿐 아니라 일반적으로 정신건강에 문제가 있는 사람을 이해하고 예측할 수 있게 합니다. 이런 교육과 인식이 보편화되어야 해요.

허윤제 몇 년 전 저희 지역의 사업장에서 용역업체 노동자 사망 사건이 발생했습니다. 노동조합이나 대책위원회 차원에서 위기 개입이 반드시 필요하다고 강하게 주장했어요. 물론 원하청 문제가 있어서 누가 주체가 될지 논쟁이 되었죠. 태안화력 사건*의 경우엔 대책위원회가 워낙 강력하게 주장해서 좀 더 빠르게 정리됐고요.

그런데 문제는 방식이었어요. 현장에서 사고가 발생하면 사측은 대상자를 최소한으로 축소하려는 경향이 있어요. 그래서 대상자 선정을 두고 계속 싸워야 하는 상황이 발생하더라고요. 그 사업장은 회사 안에 상담실이 있어요. 워낙 재해가 많고 자살자도 생기니 노동조합 요구로 설치돼 있었어요. 상담 선생님 두 분이 상주하시는데 정작 사건이 발생하니까 노동자들이 상담하러 가기 싫다고 하는 거예요. "내가 지금 회사에 열받아 죽겠는데 거기 가서 상담을 해야겠냐." 노동자들이 상담실과 회사를 분리해 생각하기 어려운 거죠.

---

* 태안화력발전소에서 작업하던 비정규직 노동자 김용균 씨가 2018년 컨베이어 벨트 사고로 숨진 사건.

뒤늦게 추천받고 들어간 저희가 항상 제일 먼저 하는 일이 시스템 구축이에요. 대상자는 어떻게 선정하고 어떤 과정으로 진행할지, 내부적으로도 논의하고 회사 측과도 합의해야 하는데 이러면서 시간이 흐르죠. 그러면 피해자가 지속적으로 피해 상태에 놓이는 거예요. 물론 초기에 조금 시간이 걸리더라도 시스템을 잘 만들어두면 점차 안정되기도 해요. 교육을 잘 진행하면 50% 정도는 위험이 줄어드는 것 같더라고요. 그럼에도 불구하고 증상이 심각한 분에겐 시스템을 갖춘 상담을 신속하게 제공해야 하는데, 여기에 시간이 오래 걸리는 문제가 가장 심각한 것 같습니다.

김경희 초기 대응이 정말 중요합니다. 사건이 터졌을 때 제일 먼저 서울시 감사팀에서 왔어요. 그런데 병동 간호사들을 죄인 다루듯 했다는 거예요. 당연히 매우 기분이 나빴고요. 위기 개입이라고 할 만한 것은 6개월이 지나서야 시작됐습니다. 제대로 될 리가 없죠. 그때라도 간호사들이 마음의 문을 열도록 도왔어야 하는데, 병원에서는 간호사들의 면담을 반기지 않았어요. 업무 시간을 내주지도 않았고 다들 신청을 주저하는 분위기였던 거죠. 당시 주변에 있던 다른 피해자들은 지금도 정신적인 피해를 받고 있을 것 같아요. 초기 대응에 관한 매뉴얼도 없고 개입 방식도 전혀 논의되어 있지 않으니 갈 길이 멀다는 생각이 듭니다.

최민 사실은 정신건강 문제가 발생하면 그 원인을 찾고 문제 해결로 나아가야 하는데 그런 경우는 거의 없는 것 같아요. 누가 자살하거나 정신질환자가 산재 승인되었을 때 상담실을 만들거나 상담을 연계하는 곳은 있지만, 내부 조사로 문제를 파악하고 개선했다는 얘기는 들어본 적이 없어요.

허윤제 많은 기업이 정신건강 문제를 해결할 생각이 아예 없는 것 같기도 해요. 직무 만족도에 나쁜 영향을 주는 요소들과 우울증 발생 위험을 이야기해도 문제를 해결하려고 하기보다는 상담실을 설치하거나 EAP 제도를 이용하는 걸로 끝내버리곤 합니다.

김세은 공적인 시스템을 통해 상담할 수는 있지만, 원인이 되는 회사의 문제는 여전히 남아 있어요. 개별 상담 창구를 만들어준다고 해서 그것이 조직적 개선으로 이어지지 않는데다 근본적인 문제를 드러내기 어려워지는 측면도 있어 우려되는 지점이에요.

허윤제 연구원이 근무하다 쓰러져 돌연사한 사건이 있었어요. 한 방에 두세 명이 같이 과제를 하는 공간이었고, 동료가 쓰러진 연구원을 발견해 바로 신고했죠. 그런데 회사 건물 출입에 확인 절차가 복잡해 구급차가 진입하는 데 어려움이 있었고 구조가 너무 늦었어요. 트라우마 예방도 중요하지만, 이런 문제도 이야기해야 한다고 노동조합이 주장했고 회사가 안전한 환경이라고 생각하는지도 상담에 포함시켰습니다. 이 사건은 회사의 첫 번째 과로사도 아니었거든요. 업무 스트레스나 공간 개선과 관련해 노사가 몇 가지를 합의했는데 코로나 발생 이후 실행이 계속 미뤄지다 흐지부지됐어요. 너무 아쉽더라고요. 회사도 개선 의지가 별로 없었던 것 같아요.

개별 기업의 정신건강 시스템 말고도
도움받을 수 있는 공적 서비스 필요

최민 정신건강과 관련해 최근에 더 도움이 필요하거나 사각지대에 있는 노동자가 있나요?

허윤제 공공부문 감정노동 조사 당시 알게 된 수도검침 노동자 이야기입니다. 방문한 가정의 거주자가 술에 취해 있거나 성폭행 위험을 겪은 적도 있더라고요. 2인 1조 시스템을 갖추지 못한 채 너무 불안한 환경에서 일하고 있는 겁니다.

이주노동자도 정신건강에 취약해요. 적은 숫자가 아니지만, 취약한 노동자일수록 건강도 보장받지 못하고 있어요. 코로나 상황에서 더 심각하고요. 이주노동자 보호는 정부기관과 지자체, 민간과 노동조합이 움직일 하나의 시스템 마련으로 가능할 것 같습니다. 예를 들어 심리 상담은 비밀 보장이 중요한데 많은 경우 이주노동자 상담 과정에 통역이 필요해요. 미얀마 민주화 투쟁과 관련해 매주 문화제에 참여하는 미얀마 노동자에 따르면 주변 동료들 불안이 높고 잠을 잘 못 자거나 술을 많이 먹는 등 상태가 안 좋아진다고 걱정하시더라고요. 한국어를 전혀 하지 못하는 분들도 있다고 하니 돕기가 막막한 한편 그동안 이주노동자 건강에 관해선 생각도 못 했다는 걸 깨달았어요.

김세은 최근 저희 병원에 일반검진을 하러 온 젊은 여성인데, 문진표의 음주 관련 문항을 보니 술을 너무 많이 마시는 겁니다. 일을 쉬게 되면서부터 그랬다는 거예요. 항공사 직원인데 기한을 알 수 없이 무급 휴직 중이었습니다. 깊이 있는 상담이 어려워 간단하게 물어봤는데도 우울증이 의심되더라고요. 코로나로 인한 과로 문제는 사회적으로 중요한 이슈가 되고 있어 그나마 다행인데, 한편으론 고용불안으로 인한 정신건강 문제를 어떻게 돌볼지 사회가 더 고민해야 할 것 같아요.

김경희 노조가 없으면 정말 사각지대구나 싶어요. 다른 직종에 비해 간호사들이 문제 제기를 못 하는 이유 중 하나는 위에서 스케줄 권한을 갖고 있기 때문이에요. 간호사들은 스케줄을 짜기 위해 개인 생활을 이야기해야 해요. '누굴 만나야 해요', '집안에 이런 일이 있어요'라고요. 수간호사처럼 영향력 있는 사람에게 항의하긴 어렵죠. 그런 간호사들을 돕거나 관리자의 영향력을 줄여주는 게 노동조합입니다.

우리는 연결될수록 강하다,
일 때문에 불행하다면 일단 도움 청하기

최민 현장 경험에서 우러나온 다양한 이야기를 들을 수 있었습니다. 마지막으로 정신건강 문제에 관심이 있는 노동자들과 독자들에게 하시고 싶은 말씀이 있을까요?

김세은 검진 대상자로 간호사들을 자주 만나요. 교대근무자가 많아서 문진표에 우울 증상 관련 문항이 포함되어 있어요. 그 문항에 표시한 분과는 가급적 얘기를 더 나누려고 하는데 그럴 때 이렇게 자주 강조해요. "혹시 앞으로 우울감이 더 심해지거나 전혀 행복하지 않고 심지어 죽고 싶다는 생각이 든다면 정신과 진료를 받으세요." 정신과에 대한 일반적인 편견 때문에 가지 않겠다고 하거나 '거기 간다고 뭐가 달라지냐'라는 분도 많습니다. 물론 가정문제나 직장문제를 정신과 선생님이 해결해주진 못해요. 하지만 어려운 시기를 헤쳐 나갈 힘을 받고 내 마음을 좀 더 튼튼하게 만들 수 있어요. 그래야 그 상황에서 벗어날 방법도 생각하고 실행을 준비할 수 있습니다.

물론 직장이 중요하지만 만약 일 때문에 많이 불행하다면 간호사로서 선택할 수 있는 길이 생각보다 다양하다고 이야기할 때도 있어요. 우울증이 심할 땐 다른 길이 안 보이잖아요. 사실 간호사 같은 전문가 자격증 소지자가 아닌, 지금 하는 일이 아니면 먹고 살기 막막한 분들에겐 안일하게 들릴 수 있어 조심스럽습니다. 하지만 다른 방식을 생각할 수 없는 막막함 자체가 우울증으로 인한 증상일 수 있어요. 다른 선택지도 고려해볼 수 있다고, 그리고 많이 힘들 땐 전문가의 도움을 받으라고 말하고 싶어요.

허윤제 "괜찮아요, 전. 혼자 버텨보면 될 것 같아요" 라고 말하는 당사자들도 많아요. 내 문제를 내가 해결할 수 있으면 좋죠. 그런데 혹시 내가 도움을 받아야 하는 때는 아닌지 점검해봐야 해요. 주위에 문제를 겪고 있는 동료가 있다면 '그럴 수도 있지'라고 지나칠 것이 아니라 관심 있게 지켜보고 손 내밀어달라고 말씀드리고 싶어요. 힘들 때 상담받지 못하더라도 친구나 주변인으로부터 위로받을 수 있으니까요. 서로 연결되어 있다는 연대감을 잃지 않을 수 있게, 고립되어 있다는 마음을 갖지 않도록 일상적인 소통과 연결을 잃지 않으면 좋겠습니다.

김경희 사건이 벌어지고 나면 '그렇게 힘들면 누구한테 얘기라도 하지'라는 생각을 많이 해요. 힘들면 참지 말고 모여서 욕이라도 하면 좋겠어요. 착하지 않아도 좋다, 모두 할 말을 하자고요. 자살한 그 간호사가 어디서 한 번이라도 큰소리를 지를 수 있었다면 어땠을까 싶어요. 힘들면 만나서 이야기해요, 우리.

1장

1   Kim I, Kim H, Lim S, Lee M, Bahk J, June KJ, Kim S, Chang WJ, "Working hours and depressive symptomatology among full-time employees: Results from the fourth Korean National Health and Nutrition Examination Survey(2007−2009", *Scandinavian Journal of Work, Environment & Health*, 39(5), 2013, 515−520.

2   Kim W, Park EC, Lee TH, Kim TH, "Effect of working hours and precarious employment on depressive symptoms in South Korean employees: a longitudinal study", *Occupational and Environmental Medicine*, 73(12), 2016, 816−822.

3   Lee A, Myung SK, Cho JJ, Jung YJ, Yoon JL, Kim MY, "Night Shift Work and Risk of Depression: Meta-analysis of Observational Studies", *Journal of Korean medical science*, 32(7), 2017, 1091−1096.

4   Choi ES, Jung HS, Kim SH, Park H, "The Influence of Workplace Violence on Work-related Anxiety and Depression

Experience among Korean Employees", Journal of Korean medical science, 40(5), 2010, 650–661.

5   Jung PK, Won JU, Roh J, Lee JH, Seok H, Lee W, Yoon JH, "Workplace Violence Experienced by Substitute (Daeri) Drivers and Its Relationship to Depression in Korea", *Journal of Korean medical science*, 30(12), 2015, 1748–1753.

6   Hochschild A.R. *The managed heart: commercialization of human feeling, Berkeley,* CA: University of California Press, 1983. 이가람 역, 「감정노동」, 이매진, 2009.

7   김수연, 장세진, 김형렬, 노재훈, 「서비스직 근로자의 감정노동과 우울 수준」. 「대한산업의학회지」. 2002.

8   Kim GH, Lee HS, Jung SW, Lee JG, Lee JH, Lee KJ, et al. "Emotional labor, workplace violence, and depressive symptoms in female bank employees: a questionnaire survey using the K–ELS and K–WVS", *Annals of Occupational and Environmental Medicine*, 30(1), 2018, 17.

9   Hyun DS, Jeung DY, Kim CS, Ryu HY, Chang SJ, "Does emotional labor increase the risk of suicidal ideation among firefighters?", *Yonsei medical journal*, 61(2), 2020, 179–185.

10 Korczynski M, "Understanding contradictions within the lived experience of service workers: the customer–oriented bureaucracy", *Political science In*: MacDonald CL, Korczynski M, editors. *Service work: critical perspectives*, New York, NY: Routledge, 2009, 73–79.

11 Karasek R. A., "Job Demands, Job Decision Latitude, and Mental Strain: Implications for Job Redesign", *Administrative Science Quarterly*, 24(2), 1979, 285–308.

12 Siegrist J., "Chapter 9 – Effort–Reward Imbalance Model", *Stress: Concepts, Cognition, Emotion, and Behavior*, Academic Press, 2016, 81–86.

13 Ndjaboué R, Brisson C, Vézina M, "Organisational justice and

mental health: a systematic review of prospective studies", *Occupational and Environmental Medicine*, 69(10), 2012, 694–700.

14 통계청, 「2020 통계로 보는 여성의 삶」, 2020.

15 여성가족부, 「성평등 일자리, 차별없는 임금이 만듭니다!」, 2018.

16 장세진·고상백, 「한국인 직무 스트레스 측정도구(KOSS)」, 『스트레스연구』, 13(3), 2005, 183–197.

17 J.J., McLaney M. A., "Exposure to job stress: a new psychometric instrumen", *Scand J Work Environ Health*, 14, Suppl 1, 1988, 27–28.

18 한국노동안전보건연구소, 「사무금융노동자 업무상 정신질환 실태 및 대응 연구」, 2020.

19 50인 미만 소규모 사업장 노동자의 건강관리를 위해 설치된 기관. 고용노동부와 안전보건공단의 지원으로 민간에 위탁 운영된다. 직업병 예방 관련 상담, 건강진단 결과에 따른 사후관리 및 건강 상담을 비롯해 작업환경 관리, 안전보건 교육, 뇌심혈관질환 예방 관리 상담, 그리고 직무 스트레스 예방 관리 상담 등의 서비스를 제공한다.

2장

20 WHO, "Promoting mental health: concepts, emerging evidence, practice"(Summary Report), Geneva: World Health Organization: 2004.

21 Fulford, B., "Insight and delusion: from Jaspers to Kraepelin and back again via Austin In X. Amador", *Insight and Psychosis, Awareness of illness in Schizophrenia and related disorders*, 2nd ed, New York: Oxford University Press, 2004, 51–78.

22   대한예방의학회, 『예방의학과 공중보건학 I』, 제3판, 계축문화사, 2017, 6.

23   대한민국 의학한림원, 『제1회 의학용어 원탁 토론회 결과 보고서』, 2005, Retrieved from https://www.namok.or.kr/bbs/index.php ?code=conference&category=&gubun=&page=6&number=679 &mode=view&keyfield=&key=

24   국가법령정보센터, 『정신건강증진 및 정신질환자 복지서비스 지원에 관한 법률』, 2020, Retrieved from http://www.law.go.kr/lsInfoP.do?urlMode=lsInfoP&lsId=000222#J3:0

25   국립정신건강센터&보건복지부, 『2018년 국가 정신건강 현황』, 서울: 2019.

26   통계청 홈페이지, 사망원인 통계, 『2020년 사망원인 통계』, 2021 Retrieved from https://kostat.go.kr/board.es?mid=a10301060200&bid=218&act=view&list_no=403046

27   OECD, Suicide rate(indicator)(Publication no. 10.1787/a82f3459-en), 2019, Retrieved 21 May 2019.

28   장정원, 『노동자 자살사망자의 특성에 관한 연구: 2010-2016년 산재신청자료를 이용하여』(국내박사학위논문), 한양대학교 대학원, 2019.

29   보건복지부, 『중증정신질환자 보호 및 재활 지원을 위한 우선 조치 방안』, 2019.

30   Sadock, B. J., *Kaplan & Sadock's synopsis of psychiatry: behavioral sciences/clinical psychiatry* (11th ed., international ed., ed.). Philadelphia: Wolter Kluwer/Lippincott Williams & Wilkins, 2015.

31   Afonso, P., Fonseca, M., & Pires, J. F., 'Impact of working hours on sleep and mental health', *Occupational Medicine*, 67(5), 2017, 377-382.

32   Angerer, P., Schmook, R., Elfantel, I., & Li, J., 'Night Work and the Risk of Depression', Dtsch Arztebl Int, 114(24), 2017,

404-411. doi:10.3238/arztebl.2017.0404

33 Chung, Y. J., Jung, W. C., Kim, H., & Cho, S. S., 'Association of Emotional Labor and Occupational Stressors with Depressive Symptoms among Women Sales Workers at a Clothing Shopping Mall in the Republic of Korea: A Cross-Sectional Study', *Int J Environ Res Public Health*, 14(12). 2017, doi:10.3390/ijerph14121440

34 Bonde, J. P. E., 'Psychosocial factors at work and risk of depression: a systematic review of the epidemiological evidence', *Occup Environ Med*, 65(7), 2008, 438-445. doi:10.1136/oem.2007.038430

35 윤진하, 장세진, 원종욱, 강모열, 이승엽, 김진선, & 연세대학교, 「직장인 정신건강 증진 방안 연구」 울산: 한국산업안전보건공단 산업안전보건연구원, 2016.

36 산업재해보상보험법 시행령 제36조(자해행위에 따른 업무상의 재해의 인정 기준) 법 제37조제2항 단서에서 "대통령령으로 정하는 사유"란 다음 각 호의 어느 하나에 해당하는 경우를 말한다.〈개정 2020. 1. 7.〉 1. 업무상의 사유로 발생한 정신질환으로 치료를 받았거나 받고 있는 사람이 정신적 이상 상태에서 자해행위를 한 경우 2. 업무상의 재해로 요양 중인 사람이 그 업무상의 재해로 인한 정신적 이상 상태에서 자해행위를 한 경우 3. 그 밖에 업무상의 사유로 인한 정신적 이상 상태에서 자해행위를 하였다는 상당인과관계가 인정되는 경우

37 백재중, 『자유가 치료다: 바살리아와 이탈리아 정신보건 혁명』, 건강미디어 협동조합, 2018.

38 Krupa, T., 'Employment, Recovery, and Schizophrenia: Integrating Health and Disorder at Work.', *Psychiatr Rehabil J*, 28(1), 2004, 8-15. doi:10.2975/28.2004.8.15

39 Holzner, B., Kemmler, G., & Meise, U., 'The impact of work-related rehabilitation on the quality of life of patients with schizophrenia.', *Soc Psychiatry Psychiatr Epidemiol*, 33(12), 1998, pp 624-631. doi:10.1007/s001270050103

40 천선영, 「자살의 이유를 알아야 하는 이유」, 『사회와 이론』, 12, 한 국이론사회학회, 2008, 293-325.

41 천정환, 「근대 초기의 자살 (1) '마음의 봉건'으로부터 이행」, 『내일을 여는 역사』 39, 내일을 여는 역사, 2010, 272-301.

42 정승화, 「비관자살의 퇴조와 자살의 의료화 경향: 자살 통계분류의 역사를 통해 본 자살의 문화적 의미 변화」, 『경제와 사회』 124, 비판사회학회, 2019, 162-191.

43 천정환, 「근대 초기의 자살 (3-2) 식민지 조선의 정신질환과 자살」, 『내일을 여는 역사』 44, 내일을 여는 역사, 2011, 231-252.

44 International Classification of External Causes of Injuries(ICECI) Version 1.2 July 2004 https://www.whofic.nl/sites/default/files/2018-05/ICECI%20in%20English.pdf

45 임정수, 「국내 자살원인 실태조사 및 자살 예방체계 구축에 관한 연구」, 보건복지가족부, 2008.

46 양보람, 「한국 사회의 우울증 담론에 관한 사회학적 연구」, 서울대학교 대학원 석사학위 논문, 2013.

47 주민지·김희언·강민아, 「정신질환자의 민간보험 가입차별 문제에 대한 정책과정: 비판적 담론분석의 적용」, 『사회보장연구』 33(2), 한국 사회보장학회, 2017, 153-184.

48 김민아, 「선별검사 도구 개발 과정을 중심으로 살펴본 우울을 측정하는 지식의 형성, 1993~2011 한국」, 서울대학교 대학원 석사학위 논문, 2020.

49 '우울증, 속앓이 말고 '병원 문' 두드리세요', 한겨레, 2007. 1. 23.

50 원시연, 『자살예방대책의 문제점과 개선 과제』, 국회입법조사처, 2011.

51 허대석, 『국내 우울증의 질병부담과 치료현황』, 한국보건의료연구원, 2010.

52 보건복지부, 『자살예방 5개년 종합대책-세부추진계획-』, 보건복지부, 2005.

53 전홍진, 『자살 유족 지원 방안 연구』, 국립의과학지식센터, 2018.

54 보건복지부 · 중앙심리부검센터, '따뜻한 작별' http://www.warmdays.co.kr/

55 '한국 근로자, OECD 평균보다 한 달 반 더 일하는데…', KBS, 2019. 4. 30.

56 정연, 「과로가 건강에 미치는 영향과 질병 부담」, 『보건 · 복지 Issue&Focus』 362, 한국보건사회연구원, 2019, 1-8.

57 Lee H-E, Kim I, Kim H-R, Kawachi I., 'Association of long working hours with accidents and suicide mortality in Korea', Scandinavian Journal of Work, Environment and Health, 46(5), 2020, 480-487.

58 송민수, 「직장내 괴롭힘 영향요인」, 『노동리뷰』 139, 한국노동연구원, 2016, 67-86.

59 Leach LS, Poyser C, Butterworth P., 'Workplace bullying and the association with suicidal ideation/thoughts and behaviour: a systematic review', Occupational and Environmental Medicine 74, 2017, 72-79.

60 요아힘 바우어, 전진만 옮김, 『왜 우리는 행복을 일에서 찾고, 일을 하며 병들어갈까』, 책세상, 2015.

61 온도계 제조업체에서 일하던 17세 소년 문송면이 수은 중독으로 사망한 사건. 사회적으로 직업병 문제를 알리는 계기가 되었다.

62 김직수 · 이영희, 「한국 노동안전보건운동의 전개: 노동안전 시민권의 형성과 전환을 중심으로」, 『산업노동연구』 21(2), 한국산업노동학회, 2015, 223-260.

63 최규진, 「노동자건강권운동의 기원」, 『의료와 사회』 4, 연구공동체 건강과대안, 2016, 116-125.

64 "'직업병의 상징' 원진레이온 사건을 알리다', 한겨레, 2018. 6. 5.

65 김정수, 「아픈 노동자 대우자동차 이상관, 죽음으로 항변하다」, 한국노동안전보건연구소 편, 『굴뚝 속으로 들어간 의사들』, 나름북스, 2017, 92-101.

66 '산재비관 50대, 병원 앞서 음독', 조선일보, 1993. 2. 17.

67 한국노동안전보건연구소, '독자에게', 『일터』 4(11월호), 2003.

68 최민, 「이윤보다 노동자의 '몸과 마음'을 - 〈일터〉 200호로 살펴본 한국 사회 노동자의 정신건강 문제」, 한국노동안전보건연구소 편, 『일터』 100(10·11월호), 2020, 28-35.

69 '[권기한] 나는 왜 정신병에 걸렸나', 한겨레21, 2003. 7. 24.

70 '기관사 공황장애 첫 재해인정', SBS 뉴스. 2004. 2. 9.

71 "'병들어 죽어갈 순 없다' [인터뷰] 이병근 서울도시철도노조 승무본부장, 공유정옥 한국노동안전보건연구소 소장', 참세상, 2007. 10. 25.

72 '쌍용차 해고자 또 자살. 30명째 희생자 발생', 경향신문, 2018. 6. 27.

73 녹색병원·노동환경건강연구소·인도주의실천의사협의회·전국금속노동조합·전국금속노동조합 쌍용자동차지부, 『쌍용자동차 구조조정 노동자 3차 정신건강 실태조사 보고서』, 2011.

74 '유성기업 노동자 정신질환 잇단 '산재 확정' 판결', 매일노동뉴스, 2018. 12. 18.

75 한국과로사·과로자살유가족모임, 『그리고 우리가 남았다』, 나름북스, 2021.

76 한국노동안전보건연구소, 『사무금융노동자 업무상 정신질환 실태 및 대응 연구』, 전국사무금융서비스노동조합, 2021.

77 장정원, 「노동자 자살 사망자의 특성에 관한 연구: 2010-2016년 산재신청자료를 이용하여」, 한양대학교 박사학위논문, 2019.

78 가와히토 히로시, 김명희·노미애·다나카 신이치 옮김, 『과로 자살』, 한울, 2019.

79 이 절의 내용은 한국노동안전보건연구소 업무상 정신질환 연구모임 구성원들과의 토론, 특히 그 중에서도 2019년 9월 27일에 있었던 "일하는 사람들의 자살 현황"(발표자: 한양대학교 김인아 교수) 발표 자료에서 도움을 받았다.

80 정승화, 「한국 사회 자살 통계에 대한 장기 추세 분석: 경찰통계연보 1953년 2015년 자살 통계를 중심으로」, 『사회연구』, 31, 한국사회조사연구소, 2017, 83-125.

81 중앙자살예방센터, 『자살예방백서』, 중앙자살예방센터, 2020.

82 기명, 『자살예방 통계체계 구축방안 연구』, 국무조정실, 2018.

83 통계청 누리집, 사망원인통계 http://kosis.kr/statHtml/statHtml.do?orgId=101&tblId=DT_1B34E05&conn_path=I3

84 공공데이터포털 누리집, 근로복지공단 산재보험 최초요양신청 승인자료 https://www.data.go.kr/data/3082968/fileData.do 참고로 고용노동부가 발간하는 산재 통계에 나타난 산재 건수는 근로복지공단에 산재를 신청한 후 '승인' 받은 건수를 말한다. 근로복지공단에 산재를 신청한 사람들의 숫자는 공식적인 자료로는 공개되지 않고 있다. 몇몇 언론 기사에 언급되는 산재 신청 건수는 특정 국회의원실을 통해 받은 자료에 의거한 것으로서, 이는 국가 통계의 공신력을 부여받은 자료는 아니다. 여기에 실린 자료는 필자가 기존의 공공데이터포털 누리집에 올라 있는 근로복지공단 자료의 보완을 요청하며 최초 요양신청 승인자료에 대한 정보공개 청구로 얻은 자료다. 민원 접수 수개월 이후 자료를 제공받았고, 이후 공공데이터포털 누리집의 자료 또한 업데이트된 것을 확인할 수 있었다. 더불어 이렇게 얻은 자료 내의 정신질환 산재 승인 건수는 고용노동부 산하 한국산업안전보건공단이 발간하는 산재 통계와 일치하지 않는다. 이에 대해 근로복지공단과 한국산업안전보건공단에 이유를 물었지만 둘 다 '잘 모르겠다'는 답변을 받았다. 다만 근로복지공단으로부터는 "정확한 사유는 알기 어려우나 공공데이터 제공 자료는 '산재미보고 적발재해'를 포함하지 않은 순수 산재 신청 건에 대한 자료인 점을 고려해주시면 되겠습니다(저희 기관은 요양신청을 한 산재 데이터만을 보유하고 있습니다)"라는 답변을 받았다.

85   중앙심리부검센터, 『2018 심리부검 면담 결과 보고서』, 중앙심리
      부검센터, 2019.

86   김인아, 『정신질환(자살 포함) 인정기준 및 재해조사, 요양관리 개
      선에 관한 연구』, 고용노동부, 2018, 140.

4장

87   2021. 7. 27. 이후 시행되는 개정 산업재해보상보험법에서 장의비
      가 장례비로 개정되었다.

88   유족급여를 청구하는 경우 「유족급여 및 장례비 청구서」 서식에 기
      초 내용을 작성 · 제출한다.

89   회사 주소지를 관할하는 지사 확인은 근로복지공단 홈페이지에서
      가능하다. 단, 산재 요양 중 사망해 유족급여를 청구하는 경우 의
      료기관에서 사망했다면 당해 의료기관 관할지사, 의료기관이 아닌
      곳에서 사망했다면 사망 당시 주소지 관할 지사에 청구한다.

90   진단서는 소견서와 달리 의료법 제17조 제3항에 따라 의사가 발급
      을 거부할 수 없다.

91   근로복지공단, 『정신질병 업무관련성 조사 지침』, 2021, 14-15.

92   산업재해 승인 이전에는 산업재해보험 의료기관 여부와 무관하게
      요양비를 청구할 수 있다.

93   https://www.kcomwel.or.kr/kcomwel/medi/orsc.jsp

94   업무상질병판정위원회 개별위원 심의서는 해당 업무상질병판정위
      원회로 신청한다.

95   한국과로사 · 과로자살유가족모임, 『그리고 우리가 남았다』, 나름
      북스, 2021, 50.

96 산업안전보건법의 규정에 따라, 100인 이상 사업장에 설치해야 하는 협의체. 사업주는 사업장의 안전 및 보건에 관한 중요 사항을 심의·의결하기 위해 근로자위원과 사용자위원이 같은 수로 구성되는 산업안전보건위원회를 구성·운영해야 한다.

97 근로자참여 및 협력증진에 관한 법률에 따라, 30인 이상 사업장에 설치해야 하는 협의기구. 법은 '근로자와 사용자가 참여와 협력을 통하여 근로자의 복지증진과 기업의 건전한 발전을 도모하기 위하여' 노사협의회를 구성하라고 규정하고 있다.

98 윤진하 등, 직장인 정신건강증진방안 연구, 안전보건공단 산업안전보건연구원, 2016.

99 영국, HSE, How to tackle work-related stress: A guide for employers on making the Management Standards work.

100 이 절의 내용은 영국 산업안전보건청에서 제안한 '일터에서 정신건강 문제가 있는 사람을 지원하고 함께 일하기 위한 가이드라인'을 참조했음. HSE, Line managers' Resource: A practical guide to managing and supporting people with mental health problems in the workplace.

101 장애인고용촉진 및 직업재활법 제5조(사업주의 책임) 제5조의2(직장 내 장애인 인식개선 교육)

102 Reducing the risk of suicide: a toolkit for employers, Business in the community, 2017.

일하다 마음을 다치다

2022년 2월 14일 초판 1쇄 발행
2023년 2월 24일 초판 2쇄 발행

지은이	한국노동안전보건연구소
편집	최인희 조정민
디자인	이경란
인쇄	도담프린팅
종이	페이퍼프라이스
펴낸곳	나름북스
등록	2010.3.16. 제2014-000024호
주소	서울 마포구 월드컵로15길 67 2층
전화	(02)6083-8395
팩스	(02)323-8395
이메일	narumbooks@gmail.com
홈페이지	www.narumbooks.com
페이스북	www.facebook.com/narumbooks7

ISBN 979-11-86036-68-6 03330
17,000원